日本国際教育学会創立20周年記念年報

国際教育学の展開と多文化共生

日本国際教育学会創立20周年記念年報編集委員会
（委員長　前田耕司）
編

学文社

執筆者一覧

前田　耕司	（早稲田大学大学院教育学研究科・教育学部教授，博士（教育学））
江原　裕美	（帝京大学法学部教授，国際学修士，教育学修士）
岡田　昭人	（東京外国語大学大学院総合国際学研究院准教授，D.Phil.）
北脇　保之	（東京外国語大学多言語・多文化教育センター教授，M.A.（政治学））
中島　久朱	（日本学術振興会特別研究員・東京外国語大学外国語学部非常勤講師，修士（言語学））
石川　啓二	（山梨大学教育人間科学部准教授，教育学修士）
志賀　幹郎	（電気通信大学国際交流センター准教授，修士（教育学））
佐藤　千津	（大東文化大学外国語学部准教授，D.Phil.）
岩﨑　正吾	（首都大学東京大学院人文科学研究科教授，教育学修士）
大迫　章史	（仙台白百合女子大学人間学部専任講師，修士（教育学））
金塚　　基	（東京未来大学こども心理学部助教，博士（教育学））
鄭　　任智	（早稲田大学教育学部非常勤講師，博士（教育学））
若園雄志郎	（国士舘大学21世紀アジア学部非常勤講師，修士（教育学））
村山　　拓	（埼玉大学教育学部非常勤講師，修士（教育学））

（掲載順）

創立20周年記念年報の刊行にあたって

昨年2009年、日本国際教育学会は1990年に創立されて20周年を迎えた。

本学会では、学会創立20周年に向けて第10期の理事会発足直後に創立20周年記念プロジェクト検討委員会を組織し、研究大会の開催と年報づくりの2つを記念事業の柱にして取り組んできた。学会創立20周年を記念して刊行する本年報は、第20回研究大会におけるシンポジウム・課題研究・自由研究の各発表を中心とした日本国際教育学会の研究の成果をまとめたものである。今回、このようなかたちで創立20周年記念年報を上梓する運びになったことは、望外の喜びである。

本年報の表題については、昨年2009年9月12日、13日に東京外国語大学で開催された第20回研究大会のテーマと連動させて『国際教育学の展開と多文化共生』とし、創立20周年記念年報編集委員会は、本大会の内容を反映させた年報づくりをめざした。岩﨑正吾事務局長が巻末の「日本国際教育学会20年のあゆみ」として末尾の表2で示しているように、国際教育学の理論的枠組みに関する研究とともにもう一つの柱である多文化共生を軸とする研究は、これまでにも研究大会や春季大会においてたびたび扱われてきた課題である。「多元社会とインクルージョン」(2007年春季研究大会)、「グローバル化における国際移動と教育の対応」(2007年台湾大会)、「多文化共生社会と日本語教育」(2008年研究大会)の各シンポジウムなどである。本年報はこれまでのこうした研究を素地にしている。

本年報には、第20回研究大会におけるシンポジウムと3つの課題研究の各報告が収められているととともに、自由研究発表の中からも公募論文として募集し、審査のうえ掲載が決定した論文3編(金塚基・鄭任智・若園雄志郎会員の各論文)が集録されている。

このうち、シンポジウム「国際教育学の枠組みと多文化共生」は、本学会が

永年，研究課題としてきたものであり，前述の2007年の春季研究大会以降の各大会のシンポジウムにおける課題の提起を受けて，国際教育学の理念および枠組みは何かを念頭に置きながら，多文化共生という基本理念と国際教育（学）の精神がどのように響き合うのかを各パネリストの視点から考察するという趣旨で設定された。パネリストには多文化共生における国際教育学研究の基本的視座および理論的枠組みについて，これまでの研究の蓄積をふまえての報告をお願いした。とくに，学会設立前からの本学会の動向を回顧できたことは，今後の国際教育学を展望するうえで資するところが大きかった。

一方，課題研究は，会員からの提案によるものであるが，各会員が近年，精力的に研究に取り組み，公式に評価された研究の成果をふまえたものである。岡田昭人・中島久朱会員および非会員の北脇保之氏の研究は大会開催校の企画であり，東京外国語大学のメンバーによる学内の共同研究の成果報告である。また，石川啓二・志賀幹郎両会員の研究と佐藤千津・岩﨑正吾・大迫章史会員による研究は，ともに科学研究費補助金により現在進められている研究の成果である。このうち前者は，第19回の研究大会からの継続研究であり，中国の東北師範大学との共同研究のプロジェクトの成果の発表である。その一方で，後者は中間報告的なものとして位置づけられ，本年5月に本学会との共催で行われる『第5回大学院国際シンポジウム及び東アジア比較教育代表的論著フォーラム』（於：台湾國立暨南國際大學）で3年目の研究成果が示される予定である。

各論文を一読されればわかるように，論文のいずれもが一国研究や研究動向が主体の研究に終わることなく，あるいは特定の国や地域を研究対象としつつも日本への往還作業を忘れずに日本的特質の解明に向けた研究が多くを占める。これは，学会の草創期からの本学会の研究のスタンスであり，日本との比較，または日本の国内に内在する多文化の問題を守備範囲とする本学会のアイデンティティが根底に流れていることの証左ともいえる。

また，本年報は記念号で終わることなく，今後は5周年毎の節目に公刊する定期刊行物とし，紀要『国際教育』と並ぶ学会のもう一つの顔として定着させていくことも念頭に置いている。

本年報がどのように評価されるかについては一抹の不安は拭えないが，いずれにせよ，読者の皆様のご叱正とご指導をいただきながら，5年後はさらに充実した年報へと深化を遂げることを期待したい。

　最後に，本年報の編集・刊行に際してご尽力ご協力いただいた会員諸氏，ならびに学文社の三原多津夫氏に深甚なる謝意を表したい。

　2010年1月14日

日本国際教育学会会長
前田　耕司

目　次

創立20周年記念年報の刊行にあたって………………………………〔前田　耕司〕 1

先住民族をめぐる教育政策の課題と国際教育学の視座………〔前田　耕司〕 9
1. 先住民族教育研究における国際教育学の視座　9
2. グローバル・スタンダードとしての先住民族の権利宣言　11
3. 日本のアイヌ民族政策をめぐる教育的課題とその対応策　13
4. ローカルなアイヌ民族共同体の視点に基づく教育施策と懇談会の提言の検討　16
5. グローバル，ナショナル，ローカルな有機的関係性の構築をめざして　18

グローバル化における国際教育と「多文化共生」………………〔江原　裕美〕 22
1. はじめに――国際教育学の思想とグローバル化　22
2. グローバル化と「多文化共生」を考える枠組み　24
3. おわりに――国際教育学研究者への期待　30

多文化共生社会におけるコミュニティと国際教育……………〔岡田　昭人〕 33
1. はじめに　33
2. コミュニティ　34
3. コミュニタリアニズム　37
4. コミュニタリアニズムが提起する教育領域における諸問題　38
5. 国際教育学の新たな研究視座　40
6. 課題と展望　43

日本社会の多文化化に伴う教育上の課題と東京外国語大学の取組み
　——国際教育学への期待……………………………………〔北脇　保之〕45

　　はじめに　45
　1．多文化化に伴う教育上の問題（いわゆる「ニューカマー」に関する問題）　46
　2．国および地方自治体の取組み　49
　3．東京外国語大学の取組み　52
　4．多文化共生と国際教育学の課題——まとめとして　57

英国における「コミュニティの結束」政策と
エスニック・マイノリティの教育……………………………………〔中島　久朱〕60

　1．はじめに　60
　2．「コミュニティの結束」とは　61
　3．教育政策における「コミュニティの結束」　63
　4．ロンドンの公立小学校の事例　64
　5．トルコ系クルド人コミュニティの事例　66
　6．おわりに　68

激烈な生徒争奪戦を繰り広げる中国の中等職業学校………………〔石川　啓二〕72

　1．急拡大から停滞に転じた職業学校　72
　2．先行研究と，本稿の研究対象　74
　3．南京市における中等職業教育の発展　75
　4．中等職業学校の生徒募集現状　78
　5．おわりに　81

中国における観光業中等職業学校の設立と発展
　——70-80年代に設立された伝統校数校を事例として………〔志賀　幹郎〕85

　はじめに　85
　1．中等職業教育の発展　86
　2．観光業中等職業学校の開設　87

3．「旅游学校」の現状　91
　おわりに　96

生涯学力と学力政策――イギリスの学校における
　「拡張サービス（extended service）」の取り組み……………〔佐藤　千津〕98
　1．はじめに　98
　2．イギリスの学力政策と「21世紀の学校」　99
　3．拡張サービスと学力向上　103
　4．イギリスの学校づくりと生涯学力　105

学力政策と「普遍的学習行為」の形成――ロシアの場合…………〔岩﨑　正吾〕109
　1．はじめに　109
　2．教育改革の動向と学力政策の特徴　110
　3．キー・コンピテンシーと普遍的学習行為　113
　4．普遍的学習行為の形成課題と評価基準――おわりに代えて　116

生涯学力形成と学校教育――日本の場合………………………………〔大迫　章史〕119
　はじめに　119
　1．広島市における児童生徒の課題と学力向上施策　121
　2．「ひろしま型義務教育創造特区」の申請　124
　3．「ひろしま型カリキュラム」と教育行政　126
　4．「ひろしま型カリキュラム」実践への取り組み　129
　おわりに――「ひろしま型カリキュラム」の特徴と課題　132

中国の流動人口における養育環境
　　――パーソナル・ネットワークとの関連において……………〔金塚　基〕139
　はじめに　139
　1．教育達成におけるパーソナル・ネットワーク　140
　2．調査の実施にあたって　143
　3．結果　144
　おわりに　148

台湾の日本統治時代における「國語」教科書に見られる
　原住民の記述に関する考察……………………………………〔鄭　　任智〕151
　　はじめに　151
　　1．全5期の國語教科書　153
　　2．第1期國語教科書について　154
　　3．第2期國語教科書について　155
　　4．第3期國語教科書について　157
　　5．第4期國語教科書について　157
　　6．第5期國語教科書について　159
　　おわりに　160

オーストラリアの博物館における民族文化に関する活動
　――遺骨・遺物の返還を中心として………………………〔若園　雄志郎〕164
　　はじめに　164
　　1．行動指針策定へと至る背景　165
　　2．オーストラリアにおける返還と博物館　167
　　3．教育機関としての博物館　169
　　おわりに　172

日本国際教育学会20年のあゆみ
　Ⅰ．日本国際教育学会の設立経緯と組織活動を中心に………〔岩﨑　正吾〕175
　　（1）はじめに　（2）学会設立の趣意　（3）学会設立の経緯
　　（4）学会の組織活動　（5）大会のテーマと活動等　（6）おわりに

　Ⅱ．日本国際教育学会の20年――グローバル化時代の国際教育学
　　………………………………………………………………〔村山　　拓〕184
　　（1）はじめに　（2）『国際教育』研究における検討対象
　　（3）グローバリゼーションと国境の意味　（4）むすび――国際教育学の課題

日本国際教育学会創立20周年記念年報投稿論文編集規程および投稿要領（抄）　189

先住民族をめぐる教育政策の課題と国際教育学の視座

前田 耕司

キーワード：先住民族の権利に関する国際連合宣言，アイヌ政策のあり方に関する有識者懇談会，アイヌ民族に関する法律（案），アファーマティブ・アクション，アボリジニ

1 先住民族教育研究における国際教育学の視座

　国際教育学の定義に関しては，これまで多くの研究者によって様々な角度から検討が試みられている。たとえば，日本の国際・比較教育学研究のなかにはアメリカの国際教育学の展開過程を視野に入れながら[1]，国際教育を「教育の国際関係の推進・拡大に向けての実践なり実態」として捉えたうえで，国際教育学はそうした「実態を批判的に研究するものとしての学問」であると指摘する識者もいる[2]。国際教育学が国民国家の枠組みを維持しつつ国際的な教育関係事象を批判的に考察する学問分野であることを示唆する見解であろう。

　たしかに，国際教育学の研究の範疇に入ると認識されている異文化間教育であるとか，国際理解教育もしくは世界の教育情報のような領域に限っていえば，前述のような指摘は当を得ているが，その一方でこうした枠組みでは捉えきれない研究領域があることも見落としてはならない。先住民族研究の領域がその一例である。それは，先住民族問題が国家・地域の境や枠を超えた国際的な関係性の文脈のなかで生起し展開するグローバルな次元での人類共通の命題といえるからである。また同時に，それは個々の先住民族が居住する地域や生活空間に根づく教育の実態に迫るローカルな課題ともいえよう。

海外の先住民族教育事象の受容が中心の論文の多くは，時の為政者の視点に立って論じられるケースが少なくない。しかもそれは多くの場合，国民国家を主体とする公教育を通して共同体としての統合をどのように強化するかに焦点を当てた教育論議に終始する傾向さえ見られる。たとえば，就任早々のオーストラリアのラッド (Rudd, K.) 首相による先住民族アボリジニに対する識字教育などの支援策の強化・拡充もその一例である[3]。一見，ポジティブに映るこれらの政策も国民統合のための有効な手段となり得る点において，識字は両刃の剣としての側面を持ち合わせる。アボリジニのなかには，メインストリームの学習活動への参加を過度に強調して，アボリジニの教育達成を非アボリジニと同じ比率に引き上げることに対して批判的な見方をするものもいるからである[4]。このような考え方の背景には，学校教育が植民地化や文化変容などの同化の装置として利用されてきたという歴史的な経緯があるとされる。

　世界的な標準化としてのグローバル・スタンダード，国民国家の境界維持に関わるナショナルとしての国家，また主権国家への対抗軸として常に周辺に位置づけられるローカルな共同体など，各々が異なる方向性をもつベクトルのせめぎ合いの力学の中でたえず緊張関係にさらされてきたのが先住民族問題なのである。先住民族研究は，研究の主体をどこに置くかによっても研究そのものに対する評価が大きく分かれ，一元的には捉えられない難しさを秘めているのである。

　本稿で提起したいのは，こうした点をふまえながら，1997年に採択された「先住民族の権利に関する国際連合宣言」(以下，「先住民族の権利宣言」)というグローバルな規範的枠組みの宣布を受けて，ナショナルとしての日本がそうした課題にどのような取り組みで応えようとしているのか，またローカルとしての先住民族共同体がそうした取り組みとどのように向き合うのか，ということである。これらの問いに対する検討を通して，国際教育学が先住民族問題にアプローチする際の一つの視点を呈示しようというのが本稿の目的である[5]。

　本稿の構成としては，次の3つの視点を軸に設定している。1つは，「先住民族の権利宣言」は先住民族の教育に関する権利について具体的にどのように

規定しているのか。グローバルかつ普遍的な観点からの課題の提起である。2つに，先住民族アイヌという独自の文脈に照らしながら，国民国家の枠組みのなかでアイヌ民族の教育権は保障されているのか，あるいはそうではないのか。ナショナルとしての日本のアイヌ民族教育をめぐる近年の政策的動向の変遷を通して明らかにする。3つに，アイヌ民族の共同体は日本政府に対して具体的にどのような民族教育の保障を求めているのか，ナショナルに相対するローカル集団としてのアイヌ民族共同体に基づく視点からの問題提起である。

2 グローバル・スタンダードとしての先住民族の権利宣言

　先住民族政策をめぐる国際的な動向として注視しておきたいことは，2007年9月13日に国連総会本会議・第61会期において「先住民族の権利宣言」が採択されたことである。1982年に国連人権小委員会に「先住民族作業部会」が設置され，その草案づくりが進められて以来，25年間もの歳月を要した画期的な出来事であった。とくに，その草案の作成にあたって注目されるのは，作業部会に各国の先住民族の代表が参加し，先住民族が国境を超えて相互に連帯・協力する関係が構築されたことである。ローカルからグローバルにつながる視点の重要さが確認された意義のある作業部会であったということができよう。

　この「先住民族の権利宣言」は条約と違って法的拘束力はないが，これにより先住民族政策の国際的な規範的枠組みが示されたと見るべきであろう。現在，先住民族問題を抱える関係諸国が先住民族関連の国内法の整備に向けてどのように取り組むのかが注目されている。

　「先住民族の権利宣言」は前文24段落，本文46条から構成され，自己決定権や土地・資源権，文化権など先住民族に保障されるべき「最低限度の範囲基準をなす」(第43条) 国際的文書である。

　本節では，とくにこの46条から成る条文の中から「先住民族の教育に関する権利保障」の規定として想定される関連条項 (第14条と第15条) を摘出し[6]，

各条項の意味について多文化教育の視点から考察を加えることにする。

　第14条
　1．先住民族は自らの文化的な教授・学習方法に適した方法で，独自の言語で教育を提供する教育制度および教育機関を設立し，管理する権利を有する。
　2．先住民族としての個人，特に子どもは，国家によるあらゆる段階と形態の教育を差別されずに受ける権利を有する。
　3．国家は先住民族と連携して，その共同体の外で居住する者も含めて先住民族としての個人，特に子どもが，可能な場合には，独自の文化，言語による教育を受ける機会が得られるように効果的な措置をとる。
　第15条
　1．先住民族は，教育および公共情報に適切に反映されるべき自らの文化，伝統，歴史および願望の尊厳ならびに多様性に対する権利を有する。
　2．国家は，関係する先住民族と連携および協力して，偏見と闘い，差別を除去し，先住民族および社会の他のすべての成員において寛容，理解および良好な関係が促進されるように効果的な措置をとる。

　「先住民族の権利宣言」において先住民族の教育に関する権利（先住民族の教育権）について直接的に規定する条項は，上述の第14条と第15条であろう。その特徴を示せば次のように集約できよう。まず，第14条は，先住民族自身の手による民族学校の設置・運営を射程に入れながら，先住民族言語による民族教育の保障について規定し（第1項），先住民族コミュニティの内外に居住する先住民族のすべての子ども――アイヌ民族でいえば道外居住者も含むということ――に対して先住民族言語や先住民族文化の学習を受ける機会の必要性について示唆している（第3項）。また，直接的には言及していないが，第2項の「あらゆる段階と形態の教育を差別されずに受ける権利を有する」という条文は，内容的に，経済的な理由等により進学を断念せざるを得ない先住民族のこどもに高等教育機関へアクセスの機会を保障するアファーマティブ・アクション（少数派優遇措置）の可能性を含意するといっても過言ではないであろう。
　さらに述べれば，次の第15条の第2項は，前条の第2項とも連動するが，

人種・民族的な差別の解消に向けて，先住民族コミュニティと連携・協力しながら，異文化間の相互理解を促進するための条件整備の必要性について規定した条項と考えられよう。また，それと関連して同条の第1項では，より広く非先住民族の理解促進を図るための手段・方法のあり方が重要であるとして，先住民族の文化・伝統・歴史等が教科書や公共放送等を通して正確に伝達されることの必要性について示唆的な提起を行っている。

　以上が「先住民族の権利宣言」の教育関連の各条項である。そこには先住民族（こどもを含む）のアイデンティティ形成の基盤となる母語の維持・継承のための先住民族言語による学習の機会の保障をはじめとして，先住民族と非先住民族の異文化間の相互理解を促進するための学習機会の提供に関する規定など多文化教育の考え方に基づく条項が多く盛り込まれている。しかしながら先住民族の政策決定への参画や彼／女らのエンパワーメントの可能性を広げるアファーマティブ・アクションに関する教育条項の規定が間接的な表現にとどまったことついては幾分，ネガティブな印象を拭えない。

　翻って日本の問題に目を転じてみると，日本は「先住民族の権利宣言」の採択にあたって，国家からの分離・独立は含意しないとの条件付きで民族自決権を留保してはいるものの賛成票を投じた国である。この行為から鑑みるに日本政府の責務は大きいといわねばならない。

　権利宣言というグローバル・スタンダードに対して日本はナショナルとしてどう取り組むのか。次節では，日本政府のアイヌ民族に対する近年の対応をふまえながら，新たな枠組みの構築に向けてどのような動きが見られるのかについて考察したい。

③ 日本のアイヌ民族政策をめぐる教育的課題とその対応策

　日本政府は，国連の「先住民族の権利宣言」を受けて 2008 年 6 月 6 日，第 169 回国会の衆参両院本会議において「アイヌの人々を日本列島北部周辺，とりわけ北海道に先住し，独自の言語，宗教や文化の独自性を有する先住民族と

して認める」決議を全会一致で採択した。アイヌ民族が先住民族であることを公式に認めたのである。また、そのほぼ1カ月後の7月1日に政府はこの国会決議を受けて内閣官房長官の下に「アイヌ政策のあり方に関する有識者懇談会」(以下、「懇談会」)を設置し、教育支援を含めた総合的な施策の確立に向けて調査・検討に乗り出した。「先住民族の権利宣言」の採択が、日本の先住民族問題解決に向けて一つの扉を開く大きな契機となったのである。

日本政府がアイヌ民族を初めて先住民族として認めた背景には、当時のG8サミットの北海道・洞爺湖での開催(7月7日～9日)が少なからず起因しており、議長国としての日本が先住民族問題の対応の遅れを国際社会から非難されることを危惧しての緊急の決議であったとされる。

これまでにも、「アイヌ文化の振興並びにアイヌの伝統等に関する知識の普及及び啓発に関する法律」(1997年施行)に基づく施策はあったが、文字どおりのアイヌ文化振興法であり、その内容も権利に関する規定はなく文化面に矮小化されていた。また、その条文においても「アイヌの人々」と表記され、先住民族としての位置づけは決して明確ではなかった。

そもそも、先住のマイノリティとは、オグブ(Ogbu, J. U.)らのアメリカ先住民族を例にした指摘にもあるように「移住マイノリティとは違い国家体系に不本意に編入されている状況にある人びとであり」[7]、民族自決権が留保されていると考えられる人びとである。むしろ、その意味から推察すると、日本の国家システムの中に組み込まれる以前から、日本列島北部周辺はアイヌ民族の有主地であり、彼／女らの先住性と民族性の2つの要素を尊重した先住民族独自の法律が施行されてしかるべきであったと考えられよう。

アイヌ民族を先住民族と認めた国会決議は、アイヌ民族問題を俎上に乗せる糸口になった点で半歩前進したといえなくもない。その上でそれが先住民族との認識に立脚した新たな先住民族法の制定につながれば、今回の日本政府の対応に対するアイヌ民族側の評価も今以上により肯定的になることは明らかであろう。その点において2009年7月29日に答申された「懇談会」の報告書の内容は、アイヌ民族政策の今後の方向性を示す政策提言として大きな意味をもつ

と考えられよう。

　本節では，42ページから構成される同報告書の中でも教育支援のあり方に着目し，アイヌ民族の教育課題に対して日本政府がどのような取り組みの必要性を提起しているのかを「先住民族の権利宣言」との対比の視点も交えながら検討することにしたい。

　「懇談会」の報告書においては，アイヌ民族に対する教育課題としていくつかの問題点が指摘されている。その主な点を挙げれば次のようになる[8]。すなわち，第1に，「アイヌの歴史や文化等に関して，必ずしも児童・生徒の発達段階に応じた学習体系になっておらず幅広い理解につながりにくいこと」，第2に，「指導する教員側に十分な知識・理解がないことが多い」といった点などである。そして，こうした課題をふまえ次のような3つの対応策を今後検討する必要があると同報告書は提起している。すなわち，1つには，アイヌの歴史や文化等に関して適切な理解が図れるよう教育内容の充実に向けた学習指導要領の改訂や教科書の充実が必要であり，とりわけ小・中学生向けの副読本の配布数の拡大など副読本の利用活用の充実を図ることが短期的に見て重要であるとしている。こうした提言の背景には，財団法人アイヌ文化振興・研究推進機構発行の副読本『アイヌ民族：歴史と現在―未来を生きるために―』の配布の対象が北海道内の小・中学校の児童・生徒に限定され，道外の児童・生徒はその対象外におかれてきたという経緯があるからといえよう。これは，先述の「先住民族の権利宣言」で考えれば，同宣言の第14条の第1項で示されているように「その共同体の外で居住する」[9]先住民族に対して教育情報にアクセスする権利をどのように保障していくかということであり，内容的に同宣言の第15条の第1項とも通底する重要な部分である。2つに，指導に当たる教員側の理解が十分でないことをふまえ教職員への研修の機会の充実を図ることの必要性についても触れられている。そして最後に，教育現場におけるアイヌ文化等に関する体験学習の機会の提供を促進し，義務教育段階の終了までにアイヌの歴史や文化等に関する基礎的な知識の習得や理解が可能となるような条件整備の必要が喫緊の課題であると結んでいる[10]。

以上,「懇談会」の報告書のなかでもとくに教育上の課題と今後の取り組みに焦点を当てて考察してきたが，今回の提言をどのように受けとめるかについては，同報告書をめぐるこれまでの議論から推察する限りにおいてアイヌ民族による評価は厳しいといわざるを得ない。評価できる部分とそうではない部分の違いが明確に顕在化しているからである(11)。

　そこで，次節では，1984年にアイヌ民族自身の手により起草され，その制定を日本政府に強く希求したとされる「アイヌ民族に関する法律」(案)に照らして，アイヌ民族が求める先住民族教育と今回の政策提言で示された対応策との明確な違いは何か。また両者における認識の違いにどのような温度差が見られるのかを検討してみることにしたい。

4 ローカルなアイヌ民族共同体の視点に基づく教育施策と懇談会の提言の検討

　日本国民への同化を目的に制定された差別法「北海道旧土人保護法」を廃止し，アイヌ民族が新たに制定を求めていた新法はアイヌ文化振興法ではなく，社団法人北海道ウタリ協会において1984年に提起されたアイヌ新法「アイヌ民族に関する法律」(案)であったとされる。この法律(案)のうち教育・文化について項目化された条文の中から教育関連の施策を摘出すると次のような1～4の諸規定が浮かび上がる(12)。

　　1．アイヌ子弟の総合的教育対策を計画的に導入する。
　　2．アイヌ子弟教育にはアイヌ語学習を計画的に導入する。
　　3．学校教育および社会教育からアイヌ民族にたいする差別を一掃するための対策を実施する。
　　4．大学教育においてはアイヌ語，アイヌ民族文化，アイヌ史等についての講座を開設する。さらに，講座担当の教員については既存の諸規定にとらわれることなくそれぞれの分野におけるアイヌ民族の優れた人材を教授，助教授，講師等に登用し，アイヌ子弟の入学および受講についても特例を設けてそれぞれの分野に専

念しうるようにする。

　上述の法案では，アイヌ民族のための諸施策とそれを実施するための基本となる規定が掲げられている。これらの諸規定から柱となる論点を抽出・整理すると，さきに触れた「先住民族の権利宣言」の第14・15条との間にいくつかの共通点が見られることがわかる。しかしその一方で，今回の懇談会の報告書にはアイヌ民族のローカルな視点が十分に反映されていない点も見受けられる。具体的に述べれば，「アイヌ民族に関する法律」(案)の第2項は，アイヌ語をアイヌ民族の母語として学習する機会を提供するという規定であり，先住民族言語による民族教育の保障という点からすれば，「先住民族の権利宣言」の第14条第1項とも連動する先住民族のアイデンティティ形成の根幹をなす重要な条文である。この規定に関連して具体的な実践例を挙げれば，さしあたり千歳市の末広小学校で現在行われているようなアイヌ学習の授業などが想定されよう。しかしながら懇談会の提言ではこうしたアイヌ語の維持・継承に関する積極的な施策の必要性は示されておらず，アイヌ語学習を体系的・継続的に学習する機会を教育課程の中に具体的にどのように位置づけていくかが課題とされる。また，次の第3項は，同宣言の第14条第2項の「国家によるあらゆる段階と形態の教育を差別されずに受ける権利を有する」[13]という条文の趣旨と酷似する内容を包含している。ところが，懇談会の報告書はこれについての言及も避けているのである。

　本法律(案)の特記すべき点は，高等教育におけるアファーマティブ・アクションの必要性が具体的に明示されていることであり，とくに第4項の「アイヌ民族の優れた人材を教授，助教授，講師等に登用し，アイヌ子弟の入学および受講について特例を設けて」という条文には，アイヌ民族自らが「意思決定」に関わる専門家として養成されることの必要性を示唆する内容の文言が含まれており，実質的にアイヌ民族による「自己決定」を促す規定として位置づけられる。他方，その後段の文言は，自己決定を表現するための「大学入学におけるアイヌ民族の特別枠の確保」を志向しており，前段の意味も含めて先住民族

の自己決定を促進する大学教育の機会を保障する規定として大きな意味をもつ。その一方で，懇談会の提言は，こうしたアイヌ民族の自己決定への視点を欠いており，そこには先住民族の自己決定権の法的な根拠となるような文言さえも含まれていない。

　一般的にアイヌ民族の大学進学状況は厳しく，2008年の『北海道大学アイヌ民族生活実態調査』によれば[14]，アイヌ民族の大学進学率は「30歳未満でも20.2％で，同世代の平均42.2％と比較して」半分以上の開きがある。しかしながらその一方で，大学まで行かせたいと願う親の進学期待は36.0％と低くはなく，進学を断念せざるを得ない親の経済的状況が背景にあることが浮かび上がる。現在，アイヌ民族に対して大学進学への支援の拡充を望むアイヌ民族も過半数を超えており，アイヌ民族のアファーマティブ・アクションの規定の具体化への期待は大きいと考えられよう。

　ところが，大学入学において先住民族枠を設置している大学の数は少なく，今のところ日本で初めて「被差別少数者特別推薦入学選考」（沖縄人および奄美諸島出身者を含む）制度を導入した四国学院大学や[15]，アイヌ民族「ウレシパ」（育て合い）奨学制度を創設し，アイヌ文化の担い手を育成する計画を2010年度より導入する札幌大学[16]のわずか2校でしかない。各大学がローカルな視点に立って独自の取り組みを行っているのが現状である。

　したがって，今後の取り組みとしてアイヌ民族の大学進学の可能性を広げる大学開放の組織化はもちろんのこと，中退率が高いと指摘される[17]アイヌの学生への支援として，アイヌ学生支援室の設置等[18]，在学中の学習支援システムの導入も含めて検討する必要性が求められてこよう。

5　グローバル，ナショナル，ローカルな有機的関係性の構築をめざして

　本稿では，まず初めに，先住民族の教育に関する権利を保障するための国際的な規範的枠組みが「先住民族の権利宣言」の中にどのように位置づいている

のか,グローバルな視点に立って考察した。2つに国民国家の枠組みのなかで先住民族の教育権は保障されているのかどうか,日本のアイヌ民族教育政策の検討を通してこの問題に対する日本政府の認識の度合いを推考することにした。そして3つめに,アイヌ民族の共同体意識という文脈に照らして,アイヌ民族が日本政府に対して具体的にどのような民族教育の保障を求めているのか,権利宣言や国家による取り組みとの対比の視点も交えながら考察を行った。

以上の3つの視点に立って検討し,そして考察した結果得られた知見に基づいて日本の先住民族教育政策の推進にとって不可欠と考えられる点を総括・整理して稿を閉じたい。

先住民族の人権に関するグローバルな指針としての「先住民族の権利宣言」の採択が日本の先住民族教育施策の見直しに向けて一つの契機になったことは否めない。この点をふまえ,今後の施策推進に向けて課題として提示しておきたいことは以下の3点である。第1に,日本国憲法第98条第2項の条文の趣旨に照らして同宣言を遵守するとともに[19],同宣言が示す先住民族とのパートナーシップに基づいてローカルとしての先住民族共同体の自己決定権や教育権を保障する法的な枠組みを早急に構築する必要性が求められる。第2に,そうした法的な枠組みの構築に当たっては,現在のアイヌ民族教育政策とアイヌ民族共同体の教育施策における政策的乖離を十分に認識し,アイヌ民族の意見等を反映させながら教育施策を推進するとともに,また,「懇談会」の報告書でも指摘されているように施策の実施状況についても協議できるような仕組みの整備が肝要とされる[20]。そして最後に,国連の「先住民族の権利宣言」作業部会や先住民族サミットへの各地域の先住民族の参画を通して得られた先住民族組織間の協力関係や国際的な連帯の大切さを意識しながら,ローカルな運動からグローバルな規準や枠組みの設定,そしてナショナルな取り組みに向けての動きへとつながる先住民族教育政策の視点の再構築が必要とされるということである。

以上,論じ残した点は少なくないと考えられるが,それらについては次稿以降の課題としたい。

注
（1） なお，江原裕美は「アメリカ国際教育の成立と課題－1950年代を中心に－」（日本国際教育学会紀要編集委員会編『国際教育』第13号，2007年）の中でアメリカ国際教育（学）の概念の発展過程について詳述している。
（2） たとえば，石附実もその一人である。石附実「教育学研究における比較・国際教育学の役割」日本比較教育学会編『比較教育学研究』第25号，1999年，22-23頁。
（3） ラッド首相が2008年2月13日の連邦議会で行ったアボリジニに対する謝罪演説では，盗まれた世代のルーツを捜し，親や家族と再会させる家族統合計画（リンク・アップ）などの支援策の拡充をはじめとして，①10年以内にアボリジニとアボリジニ以外の人々との識字力・計算能力・雇用における機会の格差を半減すること，②向こう5年間遠隔地域のコミュニティにいるアボリジニの4歳児のすべてが適切な幼児教育センターへの入学が可能となるように就学前のプログラムを整備し，また就学後も各学年においてアボリジニに対する教育機会の拡大が図れるようにするなど，アボリジニとアボリジニ以外の人々との教育における格差解消のための「相互の尊重・決意および責任」に基づく新たなパートナーシップの構築を軸にした具体的な教育目標が示された。〔前田耕司「豪州先住民族教育の課題と現状は－わが国の動向も踏まえ探る－」『内外教育』第5920号（2009年6月30日）時事通信社，4頁〕
（4） Yunupingu, Mandawuy (ed.), *National Review of Education for Aboriginal and Torres Strait Islander Peoples,* Final Report, AGPS, 1994, p.6.
（5） なお，本稿は2009年11月5日に台湾の国立曁南国際大学，同じく7日に國家教育研究院において基調講演を行った際に提示した旧稿をベースにして若干修正を施したものである。旧稿については國立曁南國際大學大學院博士課程の伊藤直哉氏により中国語に翻訳されている。詳細については，前田耕司「日本的教育政策與教育制度－從國際教育観點看日本的原住民教育政策研究－」國家教育研究院籌備處『培育高素質現代國民與世界公民之教育規劃』國際學術研討會，會議手册（2009年11月7日）21-27頁，を参照されたい。
（6） 各条項の訳出に当たっては，上村英明『アイヌ民族の視点から見た「先住民族の権利に関する国際連合宣言」の解説と利用法』市民外交センター，2008年，23-42頁を下敷きにして若干の修正を行った。〔United Nations, General Assembly, 61/295, *United Nations Declaration on the Right of Indigenous Peoples,* 2 Oct., 2007, pp.5-11. (http://www.unhcr.org/refworld/docid//471355a82.html 2010年1月12日閲覧)〕
（7） Ogbu, J.U., & Simons, H.D., "Voluntary and Involuntary Minorities: A Cultural-Ecological Theory of School Performance with Some Implications for Education," *Anthropology & Education Quarterly,* 29 (2), American Anthropological Association, 1998, pp.165-166.
（8） アイヌ政策のあり方に関する有識者懇談会『報告書』2009年7月，31-32頁。

（9） 上村英明，前掲書，2008 年，23 頁。
（10） アイヌ政策のあり方に関する有識者懇談会，前掲書，2009 年 7 月，32 頁。
（11） 「アイヌ政策のあり方に関する有識者懇談会」報告書について－「世界先住民族ネットワーク AINU」の右報告書に対する見解－世界先住民族ネットワーク AINU，2009 年 8 月 4 日，1-2 頁。(http://www.win-ainu.com/ 2010 年 1 月 3 日閲覧)
（12） 参考資料「アイヌ民族に関する法律（北海道ウタリ協会案）」ウタリ問題懇話会編『アイヌ民族に関する新法問題について－資料編－』1988 年，3 頁。
（13） 上村英明，前掲書，2008 年，23 頁。
（14） 北海道大学アイヌ・先住民研究センター編『平成 20 年度　北海道大学アイヌ民族生活実態調査』(速報版) 2009 年，11-24 頁。
（15） 前田耕司「アボリジニへの高等教育支援策の展開と課題－多文化社会の大学開放の一側面－」日本社会教育学会編『日本社会教育学会年報』第 39 集，1995 年，125 頁。
（16） 「札幌大学文化学部ウレシパ・プロジェクト」の実施について (http://www.sapporo-u.ac.jp/news/20090626_ureshipa.html 2009 年 8 月 31 日閲覧)
（17） 北海道大学アイヌ・先住民研究センター編，前掲書，2009 年，12 頁。
（18） たとえば，オーストラリアのアボリジニ学生支援室 (Aboriginal Support Unit) のようなサポート・システムの導入も一つの方法である。このシステムの詳細については，前田耕司，前掲論文，1995 年，125-128 頁を参照されたい。
（19） 市民外交センター提出「アイヌ政策のあり方に関する有識者懇談会」への意見書（『先住民族の 10 年 News』第 155 号，2009 年，20 頁所収。)
（20） アイヌ政策のあり方に関する有識者懇談会，前掲書，2009 年 7 月，40 頁。

グローバル化における国際教育と「多文化共生」

江原 裕美

キーワード：国際教育，グローバル化，多文化共生，シティズンシップ，多文化教育

1 はじめに──国際教育学の思想とグローバル化

　国際教育は，字面から「国家」間の教育問題を扱う学問分野と誤解されることがあるが，その領域と含意はそれを遥かに超えたものである。組織的な始まりは20世紀初め頃で，国際連盟の知的協力委員会（1921年），ジュネーブの国際教育局（International Bureau of Education, 1925年），などが国際協力，平和，進歩，といった思想を掲げていた（ヒルカー，1966：67-72）。日本では，野口援太郎，下中弥三郎などが「国際教育協会」を作り，国際的な平和と国際理解，なかでも人種間の平等を，新渡戸稲造を通じて国際連盟に訴える試みをしたように，日本の土着の思想の中からも国際教育への志向が生まれていた（西村，2006）ことも特筆されるべきである。ユネスコはそうした思想を受け継ぎ，国際理解，国際協力，平和，文化・教育の振興を謳っている。1974年の「国際理解，協力，平和のための教育および人権と基本的自由にかかわる教育に関する勧告（Recommendation Concerning Education for International Understanding, Co-operation and Peace and Education Relating to Human Rights and Fundamental Freedoms）」が「国際教育勧告」と呼ばれていることからも，国際教育には，教育問題を扱うとともに，文化の違いを理解し，国際協力を進め，平和を求める理想があるといえよう。

一方アメリカでは，20世紀初頭から留学生交流が盛んとなり，しばしばその機関にInternational Educationという用語を当ててきた。1919年にニューヨークに設立された国際教育インスティチュート（Institute of International Education）はその例である。国際的な交流が深まる中で，教育をより科学的に解明する必要があると認識されてきたこともあり，1923年にはニューヨークのコロンビア大学の教育学部に「国際研究所（International Institute of Teacher's College, Columbia University）」が設けられ「比較教育学」を冠する講義や演習が行われるようになった（ヒルカー，1966：89）[1]。1940年代頃からは，国際教育は国が関わる教育交流や技術援助，書籍や資料の交換，外国研究など政府のプログラムやその関連分野をも意味するようになった（Committee on Government Operations, 1959）。また，国際関係，外国や外国語に関する知識を深める教育，教育自体を国際化していくことなども国際教育と呼ばれることがある（Vestal, 1994）。現在は各国の教育を静態的に比較するにとどまらず，国際関係への視野を備え，国境を越えた連携や協働関係，発生する問題を扱い，各国単位の教育政策から，教育改革，カリキュラム，教育への国際協力などまで広く研究する分野が国際教育と考えられ，アメリカでは比較国際教育と呼んでいる。
　グローバル化とともに様々な国々で社会の文化的な多様化が急速に進んでいる。かつて「単一民族神話」が語られ，「一億総中流」と言われた日本の社会も，社会階層間の格差の拡大，住民の多国籍化などが見られ，大きな課題に直面している。差別がなく，格差に分断されない，多様な文化が尊重される社会をいかに作っていくのか，これはまさに21世紀の日本にとって最重要課題の一つである。国際教育学が擁する国際理解，平和，等の理念と，国際関係を視野に入れた研究方法は，こうした課題に取り組むための思想的方法的枠組となることが期待される。日本において実質のある「多文化共生」を実現するための教育研究について，本稿では，グローバル化と「共生」に関わる議論によって考えてみたい。

2 グローバル化と「多文化共生」を考える枠組み

1 グローバル化への対応

　国家がグローバル化にどう対応するかによって教育の姿は大きく左右される。

　グローバル化については数知れぬ研究があるが，注目すべき一つは，グローバル化の論者として知られるデヴィッド・ヘルド（David Held）が国連財団との共同研究として2005年に編集したものである。グローバル化への基本的立場は新自由主義，社会民主主義と大別され，表1の左側と右側がそれぞれに相当する（ヘルド，2007：37）。ブッシュ政権下のアメリカは①と②が組み合わさった例であるが，これらは互いに独立しており，①と④というように組み合わせることも可能であるという。現実世界はより複雑であるが理念的区別としては有効と思われる。

2 「多文化共生」・教育・国家

　では最近よく用いられる「多文化共生」とはどのように理解すればよいであろうか。それはグローバル化の中でどう位置づけられるのか。

　「共に生きる」というだけの意味ならそれはすでに実現している。藤田によると，日本で用いる「共生」という用語は，「男女共生」「多文化共生」「共生的環境」などの例が示すように，イヴァン・イリッチが唱えたconviviality[(2)]

表1　グローバル化への対応

①　ワシントン・コンセンサス 民営化，最小限の規制，自由な貿易と資本移動，財政規律，柔軟な為替レート，知的財産権の保護	③　社会民主主義の政治路線 強力な市民社会，政府主導の投資戦略，強力な公共部門，人的・社会的資本への優先的投資，貧困削減，途上国によるあらゆるレベルの世界統治への参加
②　ワシントン流安全保障論 軍事支配による秩序，先制攻撃，有志同盟，非拘束的な国際人権法	④　人間の安全保障 （国際）法と正義による秩序，国連条約に基づいて合意された介入，あらゆる基本的人権の保護

（ⒸDavid Held and openDemocracy.net　ヘルド，2007：36）

よりも意味が広く，人間間の関係に限定されず，生物学用語に端を発するsimbiosisに近いが，それよりさらに広い意味をもつという (Fujita, 2005：53-54)。Simbiosisは「何らかのあり方で共に生きている状態」と定義され，その意味ではあらゆる社会は「共生的」である。共生的システムとは，6つの次元(空間，構造，文化，シンボル，制度，機能)における8つの関係性(孤立と無関心，競争と支配，使用と寄生，コミュニケーションと協力)によって織りなされるもので，その違いにより社会には4つの理念型があるとする。その4つとは，包み込み型共生 (embracing simbiosis)，分断型共生 (segmented/segregated simbiosis)，市場志向型共生 (market-oriented simbiosis)，市民型共生 (civic simbiosis) と呼ばれる。第1の型は工業化以前の伝統的なコミュニティで階層分化も少ない社会，第2は労働の分化が進み，社会のヒエラルキー的階層が出来上がると同時に，集団内の強いきずなに比して他集団との関係は対立的な社会，第3は資本主義的市場経済と都市化の進行によって拡大した社会で，第2のそれと共通点があるが，違いは個人的便益を中心にするという特徴がある。第4は近代的な民主主義社会として理想化されているもので，社会構造は第3のそれと似ているが，違いは全ての個人が独立的であると同時に人権を尊重され，共通の利益のために異なった思想や文化の人々をも受け入れる方向があるという点だという。日本語の共生はこの第4の型に相当する。第1と第2は発展途上国に，第3と第4は先進工業国において支配的な型である。そして，この第4の型への移行が社会の再編成の指針となっているという (Fujita, 2005：59-61)。そして藤田はその実現には幾多の困難があるが，新保守主義的な消費者重視型の改革や，公共の福祉を犠牲にして行われる民営化，といった強い市場志向も困難をもたらす，と述べている (Fujita, 2005：62)。このような考え方に従えば，「多文化共生」はグローバル化への2つの態度のうち，表の右側，社会民主主義への志向をもつと考えられる。

　グローバル化における教育の役割について類似の考えを提起しているのはカルロス・アルベルト・トーレス (Carlos Alberto Torres) である。トーレスは，グローバル化における教育の役割について，市場と人権という2つの考察軸が

あるとする。市場中心的な見方では，グローバル化により国家が経済制度としては力を失い，中規模の地域と市場がより経済活動を活発化し，人々は，消費者ないし生産者として市場から定義される。国家は経済の効率が最大化するように企業体等の自由を保障すると同時に，教育や医療などは，人々の要求する最小限のシビルミニマムとしてこれを担う，という方向性である（Torres, 2002：366）[3]。そうであるならば，社会的サービスはできるだけ市場を通じて供給される方向となり，結果として一定層の排除を生むこともあり得る。

　その対抗軸としては連帯と人権の思想があると述べる。その中核は，人権思想の普及により新たに生まれた普遍的シティズンシップ（universal concept of citizenship）という考え方で，人権の概念を拡大し，国民としての地位がない者にもそれを適用する方向性である。ヨーロッパの外国人労働者政策などに表れているように，人権を世界的な組織原理にしようという動きも生まれつつある（Torres, 2002：370）。今までの国民的シティズンシップ（national citizenship）に代わり，国家を媒介としないポスト国民的シティズンシップ（post-national citizenship），すなわち「一人ひとりの個人に，その地域社会との歴史的文化的つながりのあるなしに関わらず，行政構造と政治的市民生活への参加の権利と義務を与えるとする考え方」であるという（Torres, 2002：371）[4]。シティズンシップは国民国家の一員であることを前提としてきたことからすれば，上記のような思想は国民国家の基盤を根底から揺るがすものであり，経済，政治，教育など制度との整合性を必要とするだろう。

　トーレスはこれまでの教育制度は西欧化，近代化を目指すものであったことから，西欧で生まれた新しいシティズンシップの思想とは親和性があると述べる。かれはもともと国民国家と近代的なシティズンシップの思想とが，義務教育の源にある思想であったとし，学校教育は近代社会に入るためのいわば入所の儀式であり，国家がこの役割を重要視することは変わらないだろうと予測している（Torres, 2002：372）。同時にトーレスは，国家はメンバー以外を排除すると同時に新たなメンバーを組み入れる働きを歴史的に示してきたとして，今後も学校教育に上記の役割を与えつつ，この新たな思想を導入することはあり

得ると考えているようだ。そうだとすれば，学校教育はポスト国民的シティズンシップの現実化を通じて，国民国家の概念を問う前線となってくるだろう。

現実には，学校教育は強力な市場と新たな人権思想という両極の間に存在している。アメリカでは子どもの義務教育の機会を守るため，親が不法移民であるかどうかを尋ねることは違法とされている（上岡，2008）。これは普遍的シティズンシップの思考を部分的に実践している例と考えられる。ポスト国民的シティズンシップは通常の国民的シティズンシップと比べて理念的法制度的基盤が弱く，いまだ強固な国民国家という制度と乖離している。しかし，実際に子どもという存在の処遇が問題となった時，従来のシティズンシップの発想ではカバーしきれないという問題は発生しよう。現在のところ，その矛盾はアメリカの例のように国民であるか否かに関係なく権利を一部承認するという形で処理されている。これをもってポスト国民的シティズンシップが今後直ちに拡大するとは考えにくいが，一つの現実的動きである。

グローバル化の中では，社会階層，民族，人種など，急速に多様化する集団の利害が顕在化する。これをどのように社会統合できるかは国家の安定を左右する大きな問題となる。長期的に見ての国家の存続は，国民国家としての関心，すなわち多数集団のアイデンティティと，多様な集団の利害との調整を図ることにかかっている（La Belle & Ward, 1994：67）。

このようにグローバル化は多様な文化背景の人々の混住の問題を国家の存立基盤に関わる課題として浮かび上がらせる。それは国の境目を曖昧にしようとし，国民教育制度にも揺さぶりをかける。それが今後どう発展するかは，先のグローバル化への対応の類型とも関連すると思われる。国際教育学は，「多文化共生」をめぐるこのような含意にも注意して研究を進めることが必要になろう。

では国際教育学は「多文化共生」というテーマに対してどのように向き合うのか。

トーレスは，グローバル化について，「社会，文化，経済面における政策と決定に際して，グローバルとローカルの力のダイナミクスにおける緊張として

現れる（Torres, 2002：364）」と述べている。グローバル化の現実的波及は国と国との間に限らず，地方自治体や地域社会，また様々な階層，集団や組織の多様な活動において現れる多面的なものと理解すべきだろう。そこではシティズンシップ，民主主義，多文化主義などのテーマが，市民の権利に大きく影響する課題として現れる。その現れ方は国家と社会の文脈により大きく異なる。国際教育学は，グローバルとローカルの緊張関係を理解し解決を探るために，この大きな「国家と社会の文脈」を捉える基本的視座と理想に向かう思想的契機を備えている。グローバル化がもたらす影響の多面性と複雑さを認識し，教育の様々な次元に生じる問題点をとらえて，国際教育学の思想と視点を生かした研究に取り組むことが求められる。

3 多文化共生に向けたアプローチと日本の課題

日本の多文化共生に関わる研究は新しいが，欧米ではすでに長く研究対象となってきた。なかでも移民国家として成立したアメリカでは，現在もその流れが継続して毎年人口が増え続けており，各州の間での違い，職や住居の移動が盛んな国柄など，そのダイナミズムは未来的示唆的である。誰もが地域の新しい住民として「ニューカマー」となり得る国で移民の姿はまさに多様であり，それを反映する膨大な研究もまた多様である。

その中で多文化教育（multicultural education）の研究を整理する試みをしたベネットによると，4つの群（cluster），12のジャンル（genre）に分けられるという（Benette, 2001：175）（表2）。

クラスターとジャンルを構成する論理は，多文化共生の研究の進化過程を示しているようだ。教授過程での気づきと改革から始まり，教室と学校の改革，異文化をもつ子どもを取り囲む周りの子どもへの働きかけ，そして社会全体の変革，とその視野が次第に広くなっていく流れである。著者のベネットは試論としているが，参照文献リストが8ページにもわたる作業から得た整理には一定の説得力があると考える。これと照らし合わせて日本の多文化共生に関わる研究のヒントを見つけ出すことができる。研究テーマの相互関連が示され，新

たに取り組むべきテーマの示唆を得ることもできよう。

　日本の多文化状況をめぐるテーマに関して緊急の問題は日本における外国人児童生徒の教育問題である。1990年代以来の懸案事項であるが，その解決の歩みは遅々としている。さらに2008年以来の経済危機は，在住外国人の生活を直撃し，外国人学校を中心に子どもの大量退学という事態すら生じて衝撃を与えている(5)。外国人学校自体も閉鎖が相次いでいる(6)。子どもの教育ニーズから考えれば，来日から帰国に至るプロセスの節目ごとに生じる問題に対する総合的な対策を必要としている。解決には日本だけでなく出身国，官だけでなく民間にもわたる広範な協力が求められる，まさにグローバルな教育課題で

表2　多文化教育における研究ジャンル

クラスター1： カリキュラム改革 （Curriculum Reform）	クラスター2： 公正の教育学 （Equity Pedagogy）	クラスター3： 多文化能力 （Multicultural Competence）	クラスター4： 社会的公正 （Societal Equity）
前提 ＊知識は争われ構築されるものである。 ＊アメリカにおけるヨーロッパ中心主義のカリキュラムは文化的人種差別主義である。 ジャンル1 　歴史的研究 ジャンル2 　教科書や教材のバイアスを探し出す ジャンル3 　カリキュラム理論	前提 ＊全ての子どもは学習する特別な才能と能力を持っている。 ＊公教育の目的は全ての子どもが潜在能力を最大限発揮できるようにすることである。 ＊文化的社会化と民族的アイデンティティは教授と学習の過程に影響を与える。 ジャンル4 　学校と教室の環境 ジャンル5 　生徒の学習達成度 ジャンル6 　教授と学習における文化的スタイル	前提 ＊人種的文化的偏見を減らすことは可能であり望ましいことである。 ＊個人は多文化的になることができる＝異なる文化的世界の中で快適に暮らすために自分の世界観とアイデンティティを拒絶する必要はない。 ジャンル7 　民族的アイデンティティの発達 ジャンル8 　偏見の縮小 ジャンル9 　民族集団の文化	前提 ＊社会変化は公正な教育機会，参加と達成を実現するに必要な条件である。 ＊社会的公正（変化）は可能であり，民主主義の価値観とアメリカ的信念に合致する。 ジャンル10 　人口統計 ジャンル11 　大衆文化における文化と人種 ジャンル12 　社会的行為

（Benette, 2001：172）

ある。EFA（万人のための教育）運動の積極的な推進国を任じる日本は，全ての子どもたちの教育の機会確保と充実を図るために全力を傾けるべきであろう。入管法の改正から20年が間近である。その間，私たちは多くの親と子の嘆きに何らの手を差し伸べることもできずに来たのではないか。そのような猛省をもってこの問題には取り組んでいく必要がある。

　国際教育学の研究者は日本におけるこうした研究に，諸外国の例や国際的な動向など，日本を世界のグローバル化の中に位置づけた見方を提供することができると思われる。それが日本を対象とする研究にどれほどの説得力を持ちうるものとなるかに研究者の力量が問われよう。

３　おわりに──国際教育学研究者への期待

　アメリカにオバマ大統領が誕生し世界中の希望の的になっていることは，多文化共生の理想が世界に共有されていることを示している。オバマ大統領の「誰もが助け合い参加できる社会，異なる文化や障害を超えて人と人とがつながる社会」というビジョンが人々をオバマ支持に向かわせたのである（U.S. Front Line, 2009：38）[7]。今回のアメリカ大統領選挙の争点には，共和党の強力な市場中心主義の立場と，民主党の社会問題政策との間での葛藤という意味が含まれていた。両党は経済面では自由主義市場経済を基礎とする点に違いはない。違いの一つは，自由主義市場経済を基礎としつつ，社会的統合と人権の実現をどのように図っていくのか，という展望にあった。結果はこの問題が今後の世界と各国の課題・理想となっていくことを示唆している。優れたビジョンと実行力を示すことができるかどうかは，その国の国際社会における評価へとつながるだろう。

　このテーマに対し日本が国としていかに真剣に取り組むかが，日本の今後の重要な課題となるだろう。現在問題となっている外国人児童生徒の教育の問題は，グローバル化における国の進路の取り方および，人権やシティズンシップの捉え方という，国家の枠組みに関わる問題である。日本はグローバル化に向

けてどのような進路を取り，教育はどのような役割を果たしていくのだろうか。日本の状況のみならず，世界各国について知識を有する，国際教育学を学ぶ人々の役割は重要である。「この国のかたち」に影響を与える多文化共生の問題をテーマとして，真剣に考え研究する研究者がさらに多く現れることを期待したいと思う。教育の面においても，学ぶべきところは学び，日本がしっかりとした足取りで 21 世紀を進んでいくことができるよう，国際教育学が何らかの貢献ができることを願ってやまない。

注
（1） 財団からの資金援助の停止，他の大学にも比較教育学科が作られたこと，時代情勢などにより，この研究所は 1938 年に閉鎖された。
（2） Illich, I. (1973) *Tools for Conviviality*. N.Y.: Harper & Row.
（3） この論をトーレスは以下から引いている。Ohmae, Kenichi (1995) *The end of the nation state: The rise of regional economies*. New York: Free Press Paperbacks, a Division of Simon & Schuster.
（4） この論をトーレスは以下から引いている。Nuhoglu Soysal, Yasemin (1994) *Limits of citizenship: Migrants and postnational membership in Europe*. Chicago and London: University of Chicago Press.
（5） 2009 年 3 月 27 日付の文部科学省調査によれば，ブラジル人・ペルー人学校に在学する子供の数は，就学前から高等学校段階通算で，34.9％減少した。http://www.mext.go.jp/b_menu/houdou/21/03/__icsFiles/afieldfile/2009/04/17/1259580_1.pdf（2009 年 10 月 1 日）
（6） 「甲賀のブラジル人学校が閉鎖 ── 通学の子急減，家賃払えず」『京都新聞』(2009 年 4 月 8 日)，「ブラジル人学校閉鎖相次ぐ 不況直撃，存続校も運営困難」『朝日新聞』(2009 年 11 月 4 日)，「日系ブラジル人，苦境 職失い生活保護申請が急増」『朝日新聞』(2009 年 12 月 15 日) ほか。
（7） U.S. Front Line は二週間ごとに発行される日系人向け新聞である。38 頁のオバマ氏の高校同級生（ハワイ在住）へのインタビュー記事は今回の選挙に際しての人々の心境を良く示している。

引用・参考文献
Bennett, C. (2001) Genres of Research in Multicultural Education. *Review of Educational Research*, Summer 2001, Vol. 71, No. 2, 171-217, p. 175 http://www.jstor.org/stable/3516084 Accessed: 30/08/2009 22:05

Committee on Government Operations (1959) *Government Programs in International Education*, Washington, D.C.: U.S. Government Printing Office.

Fujita, H. (2005) Kyousei: A Vision for Education and Society in the 21th Century. In Yoichiro Murakami, Noriko Kawamura, and Shin Chiba (Eds.), *Toward a Peaceable Future: Redefining Peace, Security, and Kyosei from a Multidisciplinary Perspective*, Pullman, Washington: The Thomas S. Foley Institute for Public Policy and Public Service.

ヘルド，デヴィッド編／猪口孝訳（2007）『論争グローバリゼーション　新自由主義対社会民主主義』岩波書店，2007年。

上岡直子「外国人労働者子弟の教育を保障する政策および仕組み作りの重要性」『GPI Brief』2009年6月号，2-4。http://www.gpi-japan.net/japanese/Jun09_GPI_Brief_no.10.pdf Accessed:25/08/2009.

ヒルカー，F. 著／河野重男・森隆夫訳（1966）『比較教育学』福村出版。

La Belle, T.J. & Ward, C.R. (1994) *Multiculturalism and Education: Diversity and Its Impact of Schools and Society*. New York: State University of New York Press.

西村俊一（2006）「大正期新教育の思想－国際教育と環境教育の形成をめぐって－」日本国際教育学会2006年春季研究大会（2006年5月13日高千穂大学）発表資料。

Torres, C. A. (2002) Globalization, Education, and Citizenship: Solidarity versus Markets? *American Educational Research Journal*, Vol. 39, No. 2, Education and Democracy, 363–378. http://www.jstor.org/stable/3202526 Accessed: 30/08/2009 19:04

U.S. Front Line (Biweekly Newspaper), March 20, 2009.

Vestal, T.M. (1994) *International Education: Its History and Promise for Today*, Westport, Connecticut: Praeger.

多文化共生社会におけるコミュニティと国際教育

岡田 昭人

キーワード：コミュニティ，多文化共生，コミュニタリアニズム，ネットワーク，社会資本

1 はじめに

　異なる文化間における人びとの移動の深化が，グローバリーゼーションの新たな問題を形づくる。近年日本においても外国人労働者数は年々増加しており，かつての植民地支配と深く関連する在日韓国・朝鮮人や中国人などいわゆる「オールドカマー」を上回るようになった（広田編，2001）。こうした人びとは「ニューカマー」と呼ばれ，長期滞在になる傾向がある。
　一方で，国際的に人びとの行動・交流範囲は拡大したといえ，社会・経済的に不安定な立場にあるマイノリティの人びとの中には，定住国の特定地域内において空間的・物理的な近接性を伴う交流しかできない状況に追いやられる場合がある。また，文化はグローバル化の文脈では，国際的な移動を繰り返すことによって，民族や地域に固有の文化が元来の伝統的な価値体系や習慣から切り離され，表層的に世代間に伝播していくことを意味しており，コミュニティ内の世代間における文化格差が拡大される。さらに，グローバル化は世界を単一の方向へと向わせ，人間社会を均一化・単一化し，各民族文化の個性や独自性が否定され，また排除される危険性を有している。
　閉鎖的で孤立したマイノリティ居住者の空間が各地に点在することは，利害

や価値観の違いから生じる人種や民族間の対立や差別・排除というエスニシティの問題を新たに発生させる。日本の場合では，1990年代にニューカマーが，都市部の空洞化を埋める形で，一時滞在地として都市部の下町に居住するようになった。同時にエスニシティの問題や文化軋轢が生み出されてきている。現在マイノリティの人びとが多く在住する地域では，世界的な経済不況の影響を受け，失業率の急増と当事国の学校制度への不適応から，中途退学や登校拒否，そしてギャング化する青年たちの問題が顕在化している。このような背景にあって，近年では国際教育，国際理解教育，そして多文化教育などの新しい学問分野が誕生し，数々の事例研究が進められ，一定の蓄積がみられている。

2 コミュニティ

1 コミュニティをめぐる諸説

諸学説によれば，コミュニティという言葉は厳密に定義されずに曖昧なまま議論されることが多く，それが議論の焦点化を妨げがちであるとされる（船津，2006）。

一般的にコミュニティとは「地域性」と「共通性」の2つを特徴とする人びとの集団を意味するものである。人びとが一定の地域に居住し，共同しながら生活を送っているような社会が，コミュニティの基本的なイメージであろう。実際には農村や都市などを含んだ「地域コミュニティ」が容易に想起されよう。他方，近年のインターネット上のネットワークなどによる「情報コミュニティ」は，「地域性」を特に必要とはせず，個々人の関心のある情報の共有によって形成されるコミュニティである。

歴史的にコミュニティという概念は，大きく分けて2つの意味合いで論じられてきた。1つは，初期の社会学者たちが標榜したような人間の集団形成を自然性と人為性などに分類して論じる場合である。クーリーの定義に従えば，人びとの社会集団は，(1)「第一次集団」(primary group)：親密な人間関係と協同によって特徴づけられる家族や地域集団等や，(2)「第二次集団」(secondary group）：共通した目的や利害，また関心のために意図的に形成される集団としての政党，企業，労働組合等，の2つに分類される（クーリー，1970）。またドイツの社会学者テンニースは社会集団を「ゲマインシャフト」(Gemeinschaft) と「ゲゼルシャフト」(Gesellschaft) の概念を用いて同様に類型化している（テンニース，1957）。

　2つ目は，コミュニティと「アソシエーション」(association) を対比させながら議論する場合である。マッキーヴァーはコミュニティを「村とか町，あるいは地方とか国とかもっと広い範囲の共同生活のいずれかの領域を指す」ものとし，一方「アソシエーション」は，「人びとが共通の関心事を達成するために作り上げた組織」であり，政治，経済，教育等の特定の機能を果たすために結成された派生的な集団とされる（マッキーヴァー，1975）。人びとは共同生活の中心として「コミュニティ」を基盤として社会を形成し，「コミュニティ」の内部において特定の目的遂行のために形成される複数の「アソシエーション」が組織されるというのである。

2　コミュニティ意識

　上述したマッキーヴァー（前掲書）によれば，コミュニティ形成の基盤となる人びとの「意識」には，①「我々感情」(we-feeling)，②「役割意識」(role-feeling)，そして③「依存意識」(dependency feeling) の3レベルがある。①はコミュニティにおける人びとの一体感や帰属意識や愛着を指し，また人びとの利害関心の共有によって生起するものである。②はコミュニティ内部における個人の役割や位置に関する感情であり，そこで行われる様々な諸活動に対する義務感や「コミットメント（意欲・意志）」を意味する。そして③は，コミュニティの「アイデンティティ」と深く関係するものであり，他者との相互依存関係や社会的な「自我」を形成する意識であるといえよう。以上3つのレベルの「意識」がコミュニティの形成を重層的に構築しているとされる。

　奥田（1983）は，コミュニティ意識がどのように形成されていくかということを現実のコミュニティのモデルを通じて明らかにしようとした。奥田によれ

ば，コミュニティは，村（ムラ）社会的な共同体のみではなく，その時々の社会状況に適合して発展していく種々の形態からなる共同であるとされる。奥田はその形態を，縦軸に「主体―客体」，横軸に「普遍―特殊」をとり，二軸の交差により4つのモデル，「地域共同体」モデル，「伝統的アノミー」モデル，「個我」モデル，そして「コミュニティ」モデルの順に発展過程を経ることを提示し，その4点がそれぞれ異なっていることを指摘し，「あるべき」コミュニティへの変化の内実を示した。「主体―客体」とは，個人が「行動面」で所属するコミュニティ内における諸活動にどれぐらい積極的（主体）に参加するのか，また消極的であるか（客体）であるかを示す。また，「特殊―普遍」とは，人びとが「意識面」でコミュニティに関して，所属するコミュニティだけではなく，他の地域のことも考えるのか（普遍），またそうでない「地域エゴ」（特殊）を意味する。「地域共同体」モデルは，伝統型住民にみられる意識であり，住民の参加意志は高いが，因習的制約が強く，新たな成員の参加に対してきわめて高い閉鎖性を持つ，「伝統的アノミー」モデルは，地域に無関心である人びとの意識，「個我」モデルは，権利を要求する市民が持つ意識とされる。そして，最終段階の「コミュニティ」モデルは自発的に町作りに取り組み，理想の生活地域像を目指して様々な組織化を試みるような人びとの意識を表し，新たな住民にたいしても開放性を持つものである。

　多文化化が進む現代社会では，コミュニティを形作る4つの重要な要素が導き出されるのではないだろうか。すなわち，(1)コミュニティの構成員となることによって個人が独立した主体として認知されること，(2)コミュニティの意思決定に構成員が参加する権利を持っていること，(3)コミュニティを構成する人びとの生活向上に対する関心が共有されていること，そして(4)個々人の多様性や特殊性が尊重されていることである。

　「文化対立・文化共存」，危機と好機が隣り合う転機に立つ多文化コミュニティにおいては，内国の住民とその関係性を中心に捉えられてきたこれまでのコミュニティ像に変わり，今後はよりグローバル化した視点に立ち，文化背景の異なるマイノリティの人びとの生活にかかる身近な課題を多様な組織・個人と

ネットワークしながら解決していく自律性と開放性といった新しいキーワードをもったコミュニティ像が描き出され，その再生に取り組む必要がでてきた。すなわち一国の文化形態に収まりきらない多言語・多文化によって構成される「コミュニティ」をいかに創造するかが，外国人および内国人に共通する重要な課題となってきたのである。

3 コミュニタリアニズム

コミュニタリアニズムの登場

「コミュニタリアニズム」の思想は，1980年代前半に，政治学を中心に当時アメリカにおいて支配的であったロールズの『正義論』に代表されるリベラリズムを批判する形で登場してきた。コミュニタリアニズムの代表的な論者とその著書としては，マッキンタイアの『美徳なき時代』，サンデルの『自由主義と正義の限界』，ウォルツァーの『正義の領分』などが挙げられよう。

端的に表現するとすれば，コミュニタリアニズムは，リベラリズムやリバタリアニズムによってもたらされた近年の市場主義ドグマと個人主義的な人間観が社会的連帯を喪失させ，またコミュニティの衰退を促したことを批判し，コミュニティが有する「共同性」や「共通善」による人格形成の観点を重視し，人びとの関係性の回復とコミュニティの再構築を主張する立場である（菊池, 2007）。

周知のごとく，イギリスで1997年に誕生したブレア政権は，政策テーマとして「第三の道」(Third Way) 路線を掲げ，それまでの保守党政権が支持したネオ・リベラリズムに基づく福祉国家解体路線を脱して福祉国家をいかに維持していくのか，その「道」を探るための政権であった。この「第三の道」路線の理論的な正当性を提供したのは，ブレア政権で主要なブレーンとして活躍したギデンズであり，リベラリズムに修正を迫るコミュニタリアニズムの問題意識に基づく種々の社会政策論を構想・展開した（ギデンズ, 2003）。

「第三の道」とは，ネオ・リベラリズムと従来の社会民主主義の双方を超克

するものとして提唱されたものである。ここでは人びとの福祉依存を断ち切り，個人的自由を確保するために市民の能動性を求める。サッチャー政権下における市場的要素・合理性は政策の中で受け継がれるが，その一方で，市場原理の浸透による格差の拡大と社会連帯の喪失への反省として，国家介入による公正さの確保があわせて求められる。

かくして「第三の道」政策は，社会的な連帯を今一度取り戻し，福祉国家の再構築・維持をするために，ギデンズのいう「能動的な市民参加」(active citizenship) をはじめ，エツィオーニ (Etzioni, A., 1993) の「道徳のコミュニティ」などのコミュニタリアニズムの概念に依拠して，福祉国家での市民はコミュニティへの責任を認識し，その創造と進展に積極的に取り組む場合にのみ，国家の福祉支援への権利を行使できると述べている。また，ギデンズは，「社会投資国家」を介して「アクティブな市民」を育成し，国家とコミュニティとが相互補完的・監視的という意味での協力関係を築くことが政治的に重要な課題であると述べている。

4 コミュニタリアニズムが提起する教育領域における諸問題

さて，上述してきたようなコミュニタリアニズムは，教育学領域でどのような研究視座を提供しているのであろうか。坂口 (2002) はコミュニタリアニズムが教育の領域においていかなる問題を提起しているのかについて，エツィオーニ，バーバー (Barber, B.)，ウォルツァーを中心に論じ，整理している。以下では坂口の論稿に基づいてまとめてみよう。

坂口によれば，アメリカでコミュニタリアニズムが注目を集めているのは，同政府の特に公立学校を対象とした教育政策の方針がおよそ2つの方向に「引き裂かれて」いる現状に起因しているとする。公立学校をめぐる論争は，一方では人種，宗教，また階層間の格差を解消しようとする「平等志向」と，他方で能力や文化，階層の「同質性」を強化しようとする「保守志向」の方向性がある。一般的にコミュニタリアニズムは，近年導入が開始された学校選択の拡

大を可能にしたバウチャー制度や民間運営によるチャータースクール制度と距離を置く。その理由として，バウチャー制度等の導入が市場原理に基づいて展開されているため，個々人の学校選択肢は「拡大」される反面，居住地域からの離脱を促進する可能性があり「公共空間（public space）の衰退」に繋がる危険性が指摘されている。

先ずエツィオーニの問題意識であるが，著書『コミュニティの精神』（前掲書，1993）の中で近年の「道徳的退廃（moral deterioration）」が批判され，その上で既存の道徳や規範を極度に強いるような風潮を伴わない，あくまでも現状に則したコミュニティに属する人びとに共通した「道徳の復興（revival）」の追求が唱えられている。法と国家においては，国家が思想を厳しく管理統制するような「警察国家」へ転換することなしに，権力や権威をコントロールできる可能性が述べられており，「教化（indoctrination）」を伴わない「道徳教育」が実施されることが目標とされる。そうした社会では，個々人の「社会的責任」を重視する共通した「道徳的基盤」が再肯定され，過剰な権力の行使と「自分主義（me-ism）」の双方が否定される。具体的には，「人格形成」に関連した教育論が展開されており，特に「家庭」の役割を中心として，学校との連携による道徳の「組織的教育」が提起されている。ここでいう「人格形成」とは，道徳教育によって個々人が衝動を制御する能力を獲得することであり，異なる民族や政治的背景に由来する人びとに対する「寛容」と「デモクラシー」を体現化する「自己統制」を意味する。

次にバーバーの教育論（Barber, B., 1992）では，人間は生まれながらにして精神・肉体的に極めて「弱い」といったイメージで捉えられ，そもそも人びとは「家族」や「コミュニティ」のような集団に埋め込まれており，根本的に「自由」ではない存在である。それゆえに人間は生来的な依存性から解放されるために「自由」を学ばなくてはならず，そうした自由は，個々人が規範（canon）・価値や自己実現を具体化する社会の中で，各々に適した「アイデンティティ」として選択されなければならない。しかし，こうした選択肢は，保守派が自明的に支持する規範から導き出されるべきではなく，むしろ非支配的な人びとの

討議から導き出された合意（デモクラシー）によってのみ確保されなければならない。換言するならば，デモクラシーは，コミュニティに所属する全ての人びとが「市民性（citizenship）」を身に付けて，民主的実践をしていく，その態度を意味し，そのために市民教育（civic education）もしくは市民性教育（citizenship education）の一環として「サービス・ラーニング」の導入を主張している。

　最後にウォルツァーの視点であるが，その特徴は「配分的正義」の理論に関してその主張を包括的に展開し，教育の領域においては社会的再生産に着目して論じている。社会再生産論は，様々なアプローチがあり，一概に定義づけることは困難であるが，社会構成体（生産関係と生産諸力を含む）の再生産に「文化的」なものの影響を重視する立場をとる（ブルデュー（Bourdieu, P.），バーンスタイン（Bernstein, B.），ボールズとギンタス（Bowles, S. and Gintis, H.）など）。ウォルツァーは前掲書『正義の領分』の中で，本来公平と平等を標榜する学校教育の中で，社会階層の再生産が行われることに危機を感じている。ウォルツァーによれば，学校は「民主主義文化」を教えることが主たる役割であり，また「社会的批判」を創造する場でもあるべきだとする。

　ウォルツァーの教育論で注目されているのは，「複合的平等」という概念であり，人びとが社会的財（安全，富，権力など）の独占状態から解放されている状態を意味する。ウォルツァーは，社会的財力を持つ者が存在すること自体は不平等であるとはみなさないが，財力を駆使して教育や社会的地位，国家権力を得ることが可能な社会を平等ではないとして批判し，学校がそれを「媒介する制度」となることを批判している。ウォルツァーも他の論者と同様に「デモクラシー」を重視し，政治領域における社会的財の「優勢」や「独占」を警戒し，財の適正な「分配」を求めて人びとが「葛藤」する社会的な「緊張関係」を体得させるような市民性の育成に関心が注がれている。

5　国際教育学の新たな研究視座

　さて，上述してきたコミュニタリアニズムが想定する公立学校の性質と役割

については，共通する2つの傾向があることが指摘されている（坂口 前掲書）。第1は，学校を「共同体的生活」の場として捉える傾向であり，第2は，教育に関連する領域を学校だけに限定するのではなく，広く家庭や地域コミュニティ，さらには社会全体に及ぶ範囲まで射程にいれて考察する傾向である。

グローバル化がもたらす社会の多文化化により，人びとを結び付けてきた共通するコミュニティの「精神」が掘り崩され，それが単なる集住の場になりつつあるという問題がクローズアップされている。そこでは様々な文化背景にある人びととの間での相互扶助や相互信頼，規範や道徳の共有は見られなくなり，さらには次世代を担う子どもたちが成長のモデルとすべき人物像や子どもたちを育み支える学校教育のあり方も一様ではなく，未だに暗中模索の段階にあることは否めない。

このような情勢の中，社会の多文化化とマイノリティの人びとの生存に関わる諸権利の確保と多文化化しつつあるコミュニティの再生と連帯のあり方について論じる教育学の領域において，特に関心が集まり，具体的に検討されているものには「共通善」，「シチズンシップ教育」また「社会資本」などがあげられる。そこで以下では紙幅の関係上「社会資本」に焦点を当て，多文化化されたコミュニティにおける新しい教育モデルの一つの可能性を探ってみたい。

パットナム（Putnam, R.）に代表される論者たちは，「社会資本」(social capital）または「社会関係資本」といった観点からコミュニティの問題を捉え直してみるべきではないかという主張を展開し始めている。「社会資本」の概念は，パットナム著『哲学する民主主義』(2001)と『孤独なボーリング』(2006)の中で提唱されており，「内発的発展」，「住民自治」，「アソシエーション論」など，多くの領域で着目される概念である。社会資本は，人びとの協調行動を活性化させることによって社会の効率性を改善するような信頼，規範，ネットワークといった社会組織の特徴と定義される。コミュニティの問題が，主に貧困地域が置かれている社会経済的な状態に主要な原因があることは否定できないが，社会資本が豊かなら，人びとは互いに信用し自発的に協力し，そして民主主義を機能させる鍵となることが提示されている。近年の日本におけるソーシャル・

キャピタルの公的な研究は，内閣府委託調査である「ソーシャル・キャピタル：豊かな人間関係と市民活動の好循環を求めて」(2005)があり，個人向けアンケートのデータを合成して「ソーシャル・キャピタル指数（付き合い・交流指数，信頼指数，社会参加指数の総合指数，都道府県ベースで作成）」を都道府県ごとに比較したものがある。

パットナムの研究以降，「社会資本」の議論は教育学へも転用され，地域における「繋がり」の再構築として重視されてきている。また今後の国際教育学における新しい領域としてのコミュニティ研究は，第1に，「ネットワーク」という個人間の関係性，紐帯を多文化化が進むコミュニティの問題として理解することによって，コミュニティの喪失・存続の問題の克服を試み，脱地域化されたグローバル化されたコミュニティの広がりとして理解する方向に向うであろう。

第2は，学校・家庭教育への関心を共有するコミュニティ住民による社会資本の充実化を目的とするテーマである。ここでいう主要な構成要因としては，コミュニティの保護者グループ，校長や教師，また，より広範囲に地域住民や卒業生を取り込む組織などが考えられよう。このようなコミュニティの住民全員が，地域の教育について話し合う機会が保障され，参加意識を高めることで，各家庭内の学習環境の改善が図られ，学校での教育効果と効率を高めていくためにはどのようなネットワークの構築が急務とされるのであろうかが問われよう。

第3に，住民参加によるカリキュラムや指導教材などを居住地域の価値観や日々の生活ニーズに沿うような内容に改善することで，学校の指導の質より地域と密着させていく可能性の検討である。例えば本来の教科に加えて，職業教育，平和教育，人権教育などノンフォーマル教育に関連する分野の副読本の作成や，様々な文化背景を持つ人びとを授業に招いて，各国の歴史，伝統，習慣などについて話し合う機会の提供，また，教員や子どもたちが学外でコミュニティの生活への参加を通じて学習したりすることなど，種々の住民参加による，文化理解のための新たな教材やプログラムの開発が目指されよう。

6 課題と展望

　近年のグローバル化により，人，物資，金融，そして様々な価値観が国境を越えて行き交っている。実際21世紀の節目には，各国では様々な民族・人種から構成される新たなコミュニティが出現している。その一方で，人種や民族間の対立，差別・排除というエスニシティの問題が新たに生じている。各国政府は国家の社会保障・社会福祉関連の支出増大とニーズの多様化・個別化の要請から，社会サービスの経済効率の追求と，より多様なニーズの充足が喫緊の課題となっている。また，国家のみに依存するのではなく社会サービスの供給主体の多様化が望まれているのであり，まさに地域に根差した「コミュニティ」の意義の再発見が主張されている。

　多文化化が進むコミュニティにおいて重要となってくるのは，市民としての自主性と責任を自覚した様々な民族からなる人びとが，自らを町づくりの主体と位置づけ，居住地域のために積極的に活躍するだけではなく，他のコミュニティの人びととも連携しながら相互支援のためのネットワークを形成し，ひいては自らが在住する国全体に共通した新たな規範や習慣を創造し，その基盤となる様々な社会資本を共有していくことであろう。

　多様な文化背景を持つ人びとが共に生き，働き，そして思考する場所としてのコミュニティをどのように構想し，設計するか，そこではコミュニタリアニズムが提唱する「共通善」，「社会資本」などをキーワードとしながら，例えば，デューイ（Dewey, J., 1994）が「共感性」と呼ぶところの，「人びとが共通にもっているものに対する洗練された想像力」，「人びとを不必要に分裂させるどんなものに対しても逆らう反抗」としての共感性を備えた人間を育てることができる教育実践やカリキュラムの開発，また地域連携やネットワーク形成などが，国際教育学の重要な課題として再び認識されつつあるのは確かである。

引用・参考文献

Barber, B.（1992）*An Aristocracy of Everyone: The Politics of Education and the Future of America*, Oxford University Press, New York.

クーリー，C. H. 著／大橋幸・菊池美代志訳 (1970)『社会組織論』青木書店。
デューイ，J. 著／松野安男翻訳 (1994)『民主主義と教育』〈上〉岩波文庫。
Etzioni, A. (1993) *The Spirit of Community: The Reinvention of American Society*, New York.
船津衛・浅川達人 (2006)『現代コミュニティ論』放送大学教育振興会。
ギデンズ，A. 著／今枝法之・干川剛史訳 (2003)『第三の道とその批判』晃洋書房。
広田康生編 (2001)『多文化主義と多文化教育』明石書店。
菊池理夫 (2007)『日本政治を甦らせる政治思想　現代コミュニタリアニズム入門』講談社現代新書。
マッキンタイア，A. 著／篠崎栄訳 (1993)『美徳なき時代』みすず書房。
マッキーヴァー，R. M. ／中久郎・松本通晴監訳 (1975)『コミュニティー』ミネルヴァ書房。
内閣府委託調査 (2005)「ソーシャル・キャピタル：豊かな人間関係と市民活動の好循環を求めて」http://www.npo-homepage.go.jp/data/report9.html (2009/07/09 アクセス)
奥田道大 (1983)『コミュニティの理論』東京大学出版会。
パットナム，R. D. 著／河田潤一訳 (2001)『哲学する民主主義―伝統と改革の市民的構造』(叢書「世界認識の最前線」) NTT 出版。
パットナム，R. D. 著／柴内康文訳 (2006)『孤独なボウリング―米国コミュニティの崩壊と再生』柏書房。
坂口緑 (2002)「コミュニタリアニズムの教育論―エチオーニ，バーバー，ウォルツァーを中心に―」『明治学院論叢』第 672 号，69-94 頁。
サンデル，M. 著／菊池理夫訳 (1999)『自由主義と正義の限界』三嶺書房。
テンニース，F. ／杉之原寿一訳 (1957)『ゲマインシャフトとゲゼルシャフト』岩波文庫。
ウォルツアー，M. 著／山口晃訳 (1999)『正義の領分―多元性と平等の擁護』而立書房。

日本社会の多文化化に伴う教育上の課題と
東京外国語大学の取組み
——国際教育学への期待——

北脇 保之

キーワード：在住外国人の増加と定住，外国につながる子どもの教育の未整備，社会統合政策，東京外国語大学多言語・多文化教育研究センター，国際教育学の社会的貢献

はじめに

　戦後日本では，戦前からの経緯を持つ韓国・朝鮮籍の人々が外国人の中で最大のグループだったが，1980年代に入り，労働者として，あるいは難民として入国・在住する外国人が増え始めた。さらに，1990年の改正入管法の施行以来，南米出身の日系人，日本人の配偶者，研修・技能実習生など在住外国人が急増し，その定住化傾向が次第に強まってきている。外国人登録者統計によれば，平成20年末現在の外国人登録者数は，221万7千人で，総人口の1.74％を占め，いずれも過去最高を更新している[1]。また，文部科学省調査では，平成20年9月1日現在，日本の公立小・中・高等学校等に在籍する日本語指導が必要な外国人児童生徒数は，2万8575人で，前年より12.5％増加している[2]。

　このように日本社会の多文化化は確実に進行しているが，外国人の受入れに伴う社会基盤整備，すなわち，外国人が政治・経済・文化などあらゆる分野において平等に社会参加することを可能にするための「社会統合政策」は未だ不十分である。そのため，在住外国人に関して，雇用，社会保障，住宅，文化，地域生活などさまざまな分野で課題が生じている。なかでも，大人・子どもを

通じた日本語教育および第2世代教育という，教育分野の課題は最も深刻かつ急を要する課題となっている。日本社会は，こうした課題を解決し，在住外国人が安心して暮らせる社会，異なった言語・習慣・文化を持つ人々に対する差別・偏見・排除のない，公正な多文化社会を目指していかなければならない。そのためには，適切な政策や，国，地方自治体，企業，NPO／ボランティアなどの実践が必要であることは言うまでもないが，課題解決が言語・文化・社会にわたる幅広い変化の解明を前提とするものであるだけに，大学による，学際的かつ研究・実践の垣根を越えたアプローチの意義は大きい。特に，国際教育学は，これまで比較教育研究や国際教育交流プログラム開発などに取り組んできた蓄積を生かし，国境を越えて多文化的環境の中で育つ子どもたちの教育について，研究および実践の両面から課題解決への貢献をするべきではないだろうか。

筆者は移民政策および多文化共生論に関する研究・実践に携わっており，国際教育学を専門とする者ではないが，本稿では，日本社会の多文化化に伴う第2世代教育の課題を概括するとともに，それに対する東京外国語大学の取組みを紹介し，そして最後に課題解決に関する国際教育学への期待を述べる。

1 多文化化に伴う教育上の問題
（いわゆる「ニューカマー」に関する問題）

まず，多文化化に伴う第2世代の教育に関する問題を見ていきたい。この問題については，韓国・朝鮮籍の人々などいわゆる「オールド・カマー」に関わる問題も解決されずに現在に至っている部分があるが，ここでは近年新たに生じてきた，南米出身日系人などいわゆる「ニューカマー」に関する問題に焦点を当てることとする。

外国につながる子どもたちの教育に関する問題のうち最も深刻なのは，不就学の問題である。文部科学省が全国の1県11市に委嘱し，平成17年度から平成18年度にかけて行った「外国人の子どもの不就学実態調査」の結果は，次

のようになっている[3]。

・調査対象者9,889人のうち，就学者の割合は81.4％であり，そのうち国・公・私立の小学校，中学校等への就学者は60.9％，外国人学校等への就学者は20.5％であった。

・不就学が確認された者は1.1％であった。また，転居・出国等何らかの事情により就学状況が確認できなかった者は17.5％であった。

　この調査による不就学者1.1％という結果は，外国人集住都市における調査や地方自体教育行政担当者の間で実感的に語られる数値よりも相当低いと言わなければならない。ちなみに，浜松市が平成18年度に6-14歳の外国人登録者数に対する公立小・中学校在籍者数と外国人学校在籍者数の合計の割合を調査したものによれば，その差引としての不就学率は28.5％とされている[4]。文部科学省の調査と地方自治体の調査に大きな開きが生じる原因は，外国人登録制度が当該地方自治体に居住する外国人の把握手段としては不完全であることにある。外国人登録制度では，転居・出国した外国人の登録がそのままにされていたり，逆に転入した外国人が外国人登録を当該自治体に移さないでいたりすることも珍しくない。したがって，文部科学省調査で転居・出国等何らかの事情により就学状況が確認できなかったとされた者と同数程度，外国人登録を移すことなく，当該自治体に居住している外国人がいると仮定すれば，文部科学省と外国人集住都市会議の不就学率の開きは縮まることになる。

　前記文部科学省調査によれば，不就学が確認された者の保護者に聞いたところ，不就学の理由は，「学校へ行くためのお金がないから」(12.6％)，「すぐに母国に帰るから」(10.4％)，「母語の学校と生活や習慣が違うから」(8.9％)等の回答があったとされる。しかしながら，このような保護者の回答が不就学の理由のすべてであるとするのは一面的である。なぜならば，日本の教育制度について十分な情報をもたず，また制度改革の可能性を想定することが難しい立場にある外国人の保護者は，どうしても自分たちの中に子どもたちの不就学の理由を求めがちになるからである。外国につながる子どもたちの教育に関する問題は不就学に集約されているといっても過言ではないが，その原因として，本人

の学習意欲の欠如や両親・家族に起因するもののほかに，以下のように制度的問題，受入れ体制の問題，教育内容の問題がある。

(1) 制度的問題

外国籍の子どもは義務教育の対象外とされているため，公立学校への外国籍児童・生徒の受入れはあくまでも子どもの保護者の申請に応えるものとされる。そのため，外国人児童・生徒が不登校になると，期間の長短はあってもやがて除籍される。オーバーステイなどのため外国人登録がされていないか，居住地が未登録の場合，就学通知・案内が送付されないことがある。自治体によっては15歳を過ぎた外国人生徒の就学を認めていない。これらを，佐久間孝正は，「不就学の構造化」と呼んでいる（佐久間，2006：68）。

また，教育制度に関する情報が母語で十分に案内されないため，外国人の保護者が子どもを就学させるために必要な知識を欠いている場合がある。

(2) 受入れ体制の問題

国は日本語指導を必要とする外国籍児童生徒の多い公立学校への教員加配などを行い，地方自治体は独自の指導員の配置などを行っているが，日本語教育を担当する人員は十分とは言えず，外国につながる子どもたちの受入れのために必要な体制が整っていない。外国につながる子どもたちの中には，生活言語としての日本語は身につけても，学習言語としての日本語が身につけられず，日本の公立学校に適応できなかったり，十分な学力を身につけられなかったりする子どもたちがいる。また，日本語だけでなく，母語も十分に習得できず，いわゆる「ダブル・リミテッド」となる子どもたちがいる。

一方，親たちにも，労働時間が長くて子どもの面倒が十分見られない，日本語習得の時間を持つことが難しいなどの状況がある。そのため，自ら日本語を習得できず，また子どもたちには継承語の教育ができないため，日本語・母語のどちらを用いても子どもとの会話が十分できないケースがある。

また，高校進学のための学力が保障されず，進学のためのガイダンスが不十分なことが学習意欲の減退につながっている。いわゆる「ニューカマー」の中で高校進学率は日本人生徒のそれがほぼ100％であるのに対し，かなり低く，

さらに大学進学者はまだ非常に少ない[5]。

(3) 教育内容の問題

小学校学習指導要領には，教育課程編成の一般方針の中で，「日本人の育成」が明記されており，道徳の章では「日本人としての自覚」も謳われている[6]。日本の学校教育は，公教育＝国民教育，という従来の枠組みの中で営まれているといえる。太田晴雄は，日本人と異なる背景を持つニューカマーの子どもたちも，日本人と同様にこのような教育内容＝カリキュラムの中での学習参加を余儀なくされており，多文化化する子どもたちに対して，日本の学校は自らを多文化化するのではなく，モノカルチュラルな教育をかれ・彼女らに適用するという対応に終始していると指摘している（宮島・太田，2005：65，69）。

その結果として，祖国の独自の習慣や文化が原因でいじめにあったり，抑圧を感じたりして，学校がいやになる，日本の学校の規則ずくめの管理教育や長い拘束時間，教科科目数の多さなどに適応できないなどの理由による不就学が生じている。また，日本の学校は，子どもにも親にも協調性や社会性という名目で，実質的にはみんなと同じ行動を期待する「同化」の圧力が，かなり強く働いており，それを敬遠する外国人もいる（佐久間，2006：75-84）。

2 国および地方自治体の取組み

1 国の取組み

次に，外国につながる子どもたちの教育に対する国および地方自治体の取組みを見てみよう。国の出入国管理政策の基本は，高度人材は積極的に受け入れるが，単純労働者は受け入れないというものである（「第3次出入国管理基本計画」，「第9次雇用対策基本計画」）。高度人材受入の一環として，文部科学省からは「留学生30万人計画」が打ち出されている。しかしながら，日本の出入国管理政策は矛盾を抱えており，日系人や研修・技能実習生が実質的には単純労働者として働いており，サイドドアからの単純労働者受入れとの批判を招いているところである。

外国人政策のもう一つの柱である社会統合政策については，不明確かつ不十分である。本来社会統合政策は，移民ないしは外国人が政治・経済・社会・文化等の分野において平等に社会参加できるようにすることによって，彼らが社会の底辺に落ち込むことを防止する過程であり，移民ないしは外国人と受入れ社会の双方向の変化を求める過程である。しかしながら，日本では，国の政策は，外国人の社会適応を促進する政策にとどまっている。日系人や日本人の配偶者等特別な知識・技術を持たなくても就労の制限がなく，しかも定住傾向を持つ外国人が増えている状況において社会統合政策の必要性がますます高まっているにもかかわらず，国の政策は根本的に変化していない。

　前述のように，教育に関する国の基本的方針は，普通教育を受けさせる義務は外国人には課せられないが，公立小中学校等では入学を希望する外国人は無償で受け入れるというところにある。このような方針の下に，日本語指導を行う教員の加配（平成20年度予算で全国985人），外国人児童生徒等に対する日本語指導指導者養成研修，JSLカリキュラムの開発・普及，自治体における指導員や通訳等の配置に対するモデル的助成，地域日本語教育への助成などが行われている。また，外国人集住地域などの外国人児童生徒の多い一部の地域では，「不就学外国人児童生徒支援事業」や「帰国・外国人児童生徒受入促進事業」の中での就学相談員配置事業を行っている。

　外国人児童生徒に対する教育は，通常の教育課程により日本人の児童生徒と同様の教育を行うことが基本とされている。この方針に基づき，学習指導要領解説においては，外国人児童生徒の学校生活への適応を図るとともに，外国における生活経験を生かすなど適切な指導を行うこととされている[7]。具体的には，国際教室や日本語指導教室を設け，取り出し指導や補充的な指導，チーム・ティーチングによる指導などにより，適応指導や日本語指導が行われている。また，指導体制としては，学級担任や外国人指導担当の教員による指導に加え，支援員や通訳等の外部人材を活用しながら行われている場合も多い。

　前記1に見たように，不就学の子どもたちの存在，日本語能力や学力の習得の不十分さ，高等学校以上の学校への進学率の低さなどの問題が解決の方向に

向かっていないことからも，これらの政策は不十分であると言わざるをえない。

なお，世界同時不況への緊急対応策として，平成 21 年度から外国人学校をやめた子どもたちの受け皿づくりへの助成，公立学校への受入支援の強化などが行われている。

2　地方自治体の取組み

1990 年代以降，ニューカマーの集住する地域を中心に「多文化共生」の取組みが進められてきた (2001 年,「外国人集住都市会議」設立)。地方自治体にとって外国につながる子どもたちの教育は，社会保障や外国人登録等諸手続きと並んで最も深刻な課題であり，外国人集住都市会議発足時の国等への提言においても，公立小中学校における日本語等の指導体制の充実および就学支援の充実を要求している。同会議は，以後一貫して外国につながる子どもの教育に関する政策の充実を国に対して要求し続けている。

地方自治体は，国の助成の有無にかかわらず，自らの政策判断において，外国人児童生徒の多い学校への指導・支援員の配置，日本語教育・教科学習支援，プレスクール，進学指導，母語・母文化教育，国際理解教育，外国人教育相談，多言語行政情報の提供などに取り組んできている。先進的な自治体の取組みの一部が次第に国の政策に取り上げられるようになってきたというのが実情である[8]。

3　外国につながる子どもの教育に関する課題

以上，外国につながる子どもたちに関わる問題とそれに対する国および地方自治体の対応を概観した。ここから次のような課題を指摘することができる。第 1 に，外国籍の子どもたちに対して「教育への権利の保障」を明確にし，教育への機会の平等を確保するとともに，結果の平等を極力追求することである。太田晴雄は，義務教育という基礎的教育の享受は，国籍という人間の一属性に左右される限定的な概念ではなく，より普遍的な人間の基本的権利としてとらえる見方が国際社会では有力であるという (宮島・太田，2005 : 71)。第 2 に，日

本語教育や比較国際教育の専門教育を履修した教員・指導員の養成とその十分な人数の配置など外国につながる子どもたちの受入れ体制の整備である。そして第3に，子どもの発達や人間形成を中核に据えた年少者日本語教育（川上郁雄ほか，2009：302）や多様なニーズを持つ子どもたちの異なるニーズに対応する教育の提供（宮島・太田，2005：73）である。これらはいずれも，国際教育学の領域に関わるものである。

③ 東京外国語大学の取組み

1 多言語・多文化教育研究センターの設置

次に，日本社会の多文化化に伴う課題への大学の取組みの一例として，東京外国語大学多言語・多文化教育研究センターの活動を見てみよう。東京外国語大学では，日本の多文化化の進行という社会情勢を背景に2004年10月に「多文化コミュニティ教育支援室」を設け，学生たちが大学で学んでいることを活かしたボランティア活動の支援を始めた。外国につながる子どもたちへの学習支援や国際理解教育など，地域社会，教育委員会，小中学校と連携した活動は成果をあげ，地方自治体などからも支援を依頼されるようになった。このような経緯から，大学本来の任務である人材養成，研究，社会貢献において，日本社会の多言語・多文化化に取り組むことの重要性に着目し，2006年に「多言語・多文化教育研究センター」（以下「センター」と呼ぶ）を設立した。2007年からは「多文化コミュニティ教育支援室」をセンターに統合し，教育活動の一環として学生たちの自主的な活動を支援している。

東京外国語大学多言語・多文化教育研究センターは，異なる言語，習慣，文化を持つ人々が安心して暮らすことのできる，差別や偏見，排除のない多言語・多文化社会の実現を理念とし，教育・研究・社会連携の3分野において，多言語・多文化社会の抱える問題の解決に取り組んでいる。

Add-on Program「多言語・多文化社会」開講科目

部門	授業科目名	修了に必要な最低単位数
基礎部門	多言語・多文化社会論入門 I	2 単位
	多言語・多文化社会論入門 II	2 単位
理論部門	歴史と現在	2 単位
	社会・文化	2 単位
	政策と法	2 単位
	言語とコミュニケーション	2 単位
言語技能部門	言語技能入門 I	2 単位
	言語技能入門 II	2 単位
実習部門	実習 I	2 単位
	実習 II	2 単位
プレゼンテーション部門	わたしの多言語・多文化社会論「プレゼンテーション」	2 単位
合計		20 単位

2 多言語・多文化教育研究センターの教育活動

Add-on Program「多言語・多文化社会」　学部において，基礎部門・理論部門，言語技能部門，実習部門等から成る 20 単位の Add-on Program「多言語・多文化社会」を開講している。このプログラムは，東京外国語大学の既存の課程やコースを横断する形で独自の授業科目群を設置し，本格的な多言語・多文化社会を迎える日本が直面するさまざまな問題解決に取り組んでいくための見識と能力を育むことを目指している。全 20 単位を取得した学生には「Add-on Program 修了証」が授与される。

多文化コミュニティ教育支援室　多言語・多文化教育研究センターは，ボランティア活動を学生の重要な学びの場と位置づけ，「多文化コミュニティ教育支援室」を設置し，外国につながる子どもの学習支援および国際理解教育に関する学生ボランティア活動を支援している。支援室には，日本語教育と国際理解教育の専門員がいて，学生たちの活動をサポートしている。

3　多言語・多文化教育研究センターの研究活動

協働実践研究プログラム　　国内の多言語・多文化化に伴う課題に研究者と実践者が協働して取り組む「協働実践研究プログラム」を実施している。これまでの研究が，課題分野や学問分野ごとの縦割りで，また，研究者と実践者の分離のもとに行われる傾向が強かったことの反省に立ち，このプログラムでは，雇用，福祉，医療，教育，言語などの課題に対し，総合的に，かつ，研究者と実践者が協働して，現場の諸問題の解決に寄与する実践研究として推進している。

世界の多言語・多文化社会研究推進プログラム　　このプログラムは，「多言語・多文化」を切り口に，共通の問題意識をもつ本学の教員を中心に，学外の研究者も加えて，世界諸地域の文化，社会，政治を比較検討する共同研究活動である。2009 年 2 月には，オーストラリア国立大学のテッサ・モーリス・スズキ氏をはじめとする海外ゲストを招き，「トランスナショナル／トランスカルチュラルな比較地域研究―多言語・多文化社会のもとでの新たな大学教育にむけて」をテーマに，国際シンポジウムを開催した。

4　多言語・多文化教育研究センターの社会連携活動

外国につながる子どもたちのための教材開発　　センターでは，外国につながる子どもたちのための教材開発プロジェクトを推進している。まず，ポルトガル語に対応した「在日ブラジル人児童のための教材」として，小学校 1 - 3 年生相当の漢字教材および算数の足し算・引き算，掛け算，割り算，分数教材を開発した。その後，教材の多言語化を進める方針の下に，これらの教材をベースに，タガログ（フィリピン）語に対応した「在日フィリピン人児童のための教材」およびスペイン語に対応した「南米スペイン語圏出身児童のための教材」を順次開発している。開発した教材はインターネット上に公開し，ダウンロードすればだれでも自由に無料で使用できるようになっている。

多文化社会コーディネーター養成プログラム　　多言語・多文化社会のさまざまな課題を解決するためには，行政，企業，学校，地域など社会のさまざ

な分野において外国人と受入れ社会の間をつなぐコーディネーターが不可欠である。センターでは，こうした社会的ニーズに対応するために，2007年度から「多文化社会コーディネーター養成プログラム」を実施している。このプログラムでは，政策，学校，市民活動の3つのコースにおいて，それぞれの分野で一定程度の知識・経験を有する者が，半年間にわたり，共通必修科目，専門別科目およびそれぞれの地域・職域での実践研究を履修する。

5　多言語・多文化教育研究センターの提言活動

センターは，日本社会の多文化化に伴う課題に取り組むだけでなく，足もとの東京外国語大学そのものの多文化化の課題にも取り組んでいる。その一つが，「大学教育の多文化化」に関する提言である。

「大学教育の多文化化」に関する提言　センターは，2008年度に，『「大学教育の多文化化」に関する提言』（以下，「提言」という）をとりまとめた。この提言は，平成20年度文部科学省「大学教育の国際化加速プログラム（海外先進教育研究実践支援）（教育実践型）」に採択された，「大学教育多文化化推進プログラム—高度人材受入れの拡充と多言語・多文化教育の推進—」の一環として取りまとめられたものである。作業は，多言語・多文化教育研究センターを中心として学内に設けられた推進チームによって行われ，提言は学長に提出された。この提言は学内の資料とされ，公開されていないが，ここにはその主要な項目を紹介したい[9]。

①「大学教育の多文化化」とは何か

日本の大学を世界に開かれたものにするためには，留学生の獲得に積極的に取り組むだけでは十分ではない。留学生も日本人学生も，さまざまな場面で出会い，議論し，交流することで，生きた多文化体験をし，自己の文化を相対化する目を獲得し，国際社会に貢献できる人材として育つことが重要である。そのためには，多言語によるコミュニケーション環境および留学生と日本人学生が共に学び生活するＩ（International）Ｊ（Japanese）共学環境を作り出し，大学を多文化交流キャンパスとすることが必要である。

②日本人学生と留学生の共学体制づくり（IJ共学）

　学部カリキュラムと交換留学生プログラムその他留学生プログラムの相互乗り入れ，学部・大学院での英語による授業の拡充，大学院でのやさしい日本語による授業の拡充により，IJ共学を推進する。また，留学生が学部・大学院での日本語の授業をより多く受講できるようにするために，全学日本語教育について，時間数，レベル別カリキュラムなどの面で充実させる。さらに，留学生が，それぞれ言語・文化・地域に関し有するリソースを活かし，授業にアシスタントとして参加する留学生参与型授業を拡大するべきである。

③定住外国人第2世代の受入れの検討

　急速に多言語・多文化化が進む日本社会において，いわゆるニューカマー第2世代の中に少しずつではあるが大学に進学する者も出てきている。外国につながる子どもたちの教育のためになすべきことは多いが，大学に進学し，社会的に活躍する人材を生み出すことにより，後に続く子どもたちにモデルを提供することもその一つである。移民政策は，本来国が責任を持つべき領域であるが，大学としても，在住外国人第2世代のためにできることを検討すべきである。

6　東京外国語大学の取組みに関する課題

　東京外国語大学の教育面の課題は，Add-on Programを，現在のような付加的な位置づけにとどめるのではなく，大学の本来的なカリキュラムの中に組み込んでいくこと，そして，多文化社会に関する知見という現代的教養の提供からさらに踏み込んで，多文化社会において要請される，文化間をつなぐコーディネーターやコミュニティ通訳などの高度職業人の養成にまで目標を高めることにある。こうした大学における多文化教育のカリキュラム開発は，それ自体国際教育学の実践的取組みということもできよう。また，研究面の課題は，国内の多文化化に関する実践研究を国際的な研究と連環させることにある。海外においても，多文化化に関する研究は実践との結びつきが強いので，東京外国語大学を一つの結節点として，世界の多文化化に関する研究と実践の連携を追

求するべきだろう。

4　多文化共生と国際教育学の課題──まとめとして

　以上，日本における外国につながる子どもたちの教育に関する問題を概観し，それに対する国や地方自治体の取組みを見た。そして，教育を含めた，多文化化に伴う課題の解決に向けての東京外国語大学の取組みを紹介した。

　国際教育学は，各国の教育の国際比較研究や教育の国際交流のためのプログラム開発等を出発点として発展してきたが，グローバリゼーションの進展に伴い，移民・難民など国境を越えて移動する子どもたちの教育が重要な研究課題の一つになってきている。日本においても日系人や日本人の配偶者，あるいは就労可能な在留資格を持って来日した人々の第2世代の教育が重要な課題になっていることから，国際教育学に対しては，社会の現実的課題の解決に向けて実践的な貢献を期待したい。具体的には，次のような事項をあげることができる。

　外国につながる子どもたちの教育をよりよいものにするための国際教育学の貢献　現状では，公立小中学校の教員は，担当する外国につながる子どもが母国でどのような教育を受けて来たか，その教育の特徴や日本との違いは何かについてほとんど理解しないまま子どもに接している。このことが，外国の子どもたちが日本の学校になじめない原因の一つになっている。そこで，国際教育学が，例えばブラジルの教育の基本的方針およびその日本との共通点・相違点に関する知見を提供すれば，公立学校において，異なる背景を持つ子どもたちの異なるニーズに応える教育をより適切に行うことが可能になる。

　さらに，公立学校と外国人学校の間の人材・カリキュラム等の交流プログラムを開発し，実施することも国際教育学の実践的課題となるだろう。

　社会統合政策に対する国際教育学の貢献　日本においては，国の社会統合政策が不明確かつ不十分であることは先に述べたとおりである。しかしながら，第2世代の教育は社会統合政策のなかで最も重要な分野の一つであり，これが

有効に実施されなければ，外国につながる子どもたちはよい学歴，よい職を得られず，社会の底辺に陥るおそれが大きくなる。国際教育学に期待するのは，「移動する子どもたち」の教育に関する研究を活かし，そのような子どもたちが自らの言語・文化・アイデンティティを維持しつつ，社会参加を果たしていけるよう，教育プログラムを開発し，また，そのようなプログラムの担い手を育成することである。

人種差別禁止を原理とする国際理解教育に対する国際教育学の貢献　国際理解教育の推進も国際教育学の重要な研究領域の一つである。しかしながら，外国につながる子どもたちに対するいじめが不就学の大きな原因となっていることを見ると，国際理解教育が足もとの現実的課題の解決に力を発揮しているとは言えない。外国につながる子どもたちへのいじめをなくす根本は，人種差別禁止・人権擁護である。国際教育学は，いじめの解消を効果測定の尺度とする国際理解教育を開発し，子どもたちの中に排外的意識が育つのを防ぐべきである。

高等教育における多文化化に対する国際教育学の貢献　東京外国語大学多言語・多文化教育センターの教育プログラムは，多文化社会の担い手として必要な識見を持った人材を社会に送り出す一つの試みである。国際教育学には，初等・中等教育のみならず，高等教育においても多文化社会に取り組むプログラムの開発を期待したい。

　国境を越える人の移動が活発化している現在，言語・文化的多様性を包摂する教育に関する研究および関連プログラムの開発は，日本の，というだけでなく世界共通の重要な課題領域であり，国際教育学に期待するところは大きい。

注
（1）　法務省入国管理局『平成20年末現在における外国人登録者統計について』2009（平成21）年7月。
（2）　文部科学省『「日本語指導が必要な外国人児童生徒の受入れ状況等に関する調査（平成20年度）」の結果について』2009（平成21）年7月。
（3）　文部科学省『外国人の子どもの不就学実態調査について』2007（平成19）年7月。
（4）　浜松市教育委員会『浜松市外国人子ども教育支援事業計画』2007（平成19）年4月。

（5） 公立中学校卒業後の外国籍生徒の高校・専門学校への進学率別都市数（平成19年度）は，外国人集住都市会議参加24都市中，60％未満5都市，60％以上70％未満5都市，70％以上80％未満6都市，80％以上90％未満4都市，90％以上4都市となっている。外国人集住都市会議『外国人集住都市会議東京2008報告書』2009年3月。
（6） 文部科学省『小学校学習指導要領』2008（平成20）年3月。
（7） 文部科学省『小学校学習指導要領解説』2008（平成20）年6月。
（8） 地方自治体のさまざまな「多文化共生」の取組みは，（財）自治体国際化協会のホームページ（http://www.clair.or.jp/）に紹介されている。
（9） 東京外国語大学キャンパスグローバル化推進室大学教育多文化化プログラム推進チーム『「大学教育の多文化化」に関する提言』2009年3月。

引用・参考文献

川上郁雄・石井恵理子・池上摩希子・斎藤ひろみ・野山広編（2009）『「移動する子どもたち」の言葉の教育を創造する―ESL教育とJSL教育の共振』ココ出版。

宮島喬・太田晴雄編（2005）『外国人の子どもと日本の教育―不就学問題と多文化共生の課題』東京大学出版会。

佐久間孝正（2006）『外国人の子どもの不就学―異文化に開かれた教育とは』勁草書房。

英国における「コミュニティの結束」政策と
エスニック・マイノリティの教育

中島 久朱

キーワード：英国，社会統合，エスニック・マイノリティ，コミュニティ，トルコ系クルド人

1 はじめに

　あらゆる情報が瞬時に世界中を駆け巡り，人やものの国境を越えた移動も日常的なものとなった今日，世界中のあらゆる国や地域において社会的な多様性が可視的なものとなっている。このような社会の多様化は，近代社会における国民国家のシステム基盤に疑問を生じさせ，英国では1980年代以降，文化的多様性の尊重と社会の統合という一見相反すると思われる命題に取り組む「多文化主義」に関わる議論が展開されてきた。各地方政府はマイノリティの権利の保護にも慎重に取り組んできており，その結果，人種平等概念が一般にも広がったかのように思われた。

　しかし，2001年の夏，イングランド北部の街オールダム（Oldham），ブラッドフォード（Bradford）等の街で，人種間の摩擦を原因とする大規模な衝突が発生すると，英国政府は，依然なくならない社会的分離を重く受け止め，同国の社会統合・人種政策の新たな柱として「コミュニティの結束（Community Cohesion）」という概念を打ち出した。1980年代以降の多文化主義政策の帰結として各民族グループ間の没交渉と集団間の格差が固定化されてしまったとする分析から，コミュニタリアニズムの概念[1]を参照し，「信頼」，「社会資本」を

もって社会における結束を高めることを新たな人種政策の中心に据えたのである。

教育の分野においても，2007年9月から，全ての公立学校において「コミュニティの結束」を促進させるための教育を行うことが義務づけられた（DCSF, 2007）。「コミュニティの結束」はマイノリティ・グループのみの問題ではなく，受入側の白人コミュニティの問題でもある。換言すれば，マジョリティである白人社会においても，基本的な価値の共有と規律を浸透させる必要があるということである。社会における多様性を尊重しつつも，「英国社会の一員」としてのアイデンティティ（Britishness）を育むための教育，また英国社会の基礎となる民主主義の理念を理解し，身につけるような教育実践が目指されている[2]。

しかし，そもそもの発端となった2001年の暴動やその後の2005年の同時爆発テロ等の文脈を加味すると，他の欧米諸国同様に，ムスリム移民の社会からの分離への解決策としての同政策の性格は否定できない。そこで，本論文では，同国において近年増加の傾向にあるムスリム移民グループの一つであるトルコ系クルド人のコミュニティに焦点を当て，同グループの子どもや成人のメンバーと学校との関係性，教育への関与や，マジョリティの価値観に基づいた英国社会への態度，そして，現在の同国政府の政策への認識や評価等に関して行った調査によるデータの分析を試みる[3]。

2 「コミュニティの結束」とは

既に述べたように，これまで多文化主義的人種平等化政策を選択してきた同国において，2001年以降，再び深刻な人種間の摩擦が生じている状況に，政府は国内における人種や民族間の隔たり，社会的な分離をそれまで以上に深刻に受け止め，これまでの多文化主義概念を見直す必要があるという見解を示した。2001年の事件後に当時の内務大臣であったデイヴィッド・ブランケットにより任命された調査委員会は，事件の背景には，イギリス社会の分離，各コミュニティの「平行な生活（Parallel lives）」があったと結論づけた（Cantle,

2008)。アジア系ムスリム[4]の若者と白人労働者階級の若者を中心とした極右勢力の衝突が問題の発端となったことが明らかにされているが，その背景にはイギリス社会に根強く存在する人種主義，警察内部に蔓延する人種偏見をはじめ，様々な制度的差別が問題の根底にあったとされる。そのような状況を改善するために提示されたのが「コミュニティの結束」という概念であった。そして導き出される答えが「共通の価値」，「新しいナショナル・アイデンティティ」の共有を前提とした上で多様性を容認する「コミュニティの結束」モデルである。同政策はパットナムら北米のコミュニタリアンによる社会資本の理論を参照しており，結束したコミュニティの実現と維持のためには，その核となる社会の成員全てに共通の価値[5]や規律が必要不可欠であるとされる。

　英国政府が「コミュニティの結束」概念の下，理想とするのは，1）全てのコミュニティ間で共通の感覚と帰属意識が共有され，2）多様な背景の価値が正しく認識されかつ評価され，3）全ての人々に均等な機会が補償され，4）様々な状況におかれた全ての人々の間に強固で建設的な関係性が築かれた社会であるとされる。そして，「統一の中の多様性 (Diversity within Unity)」という言葉でこのような状態が表現されている (ibid.)。この言葉は，1980年代以降，同国に多文化主義教育の理念的支柱とされてきたスワンレポート[6]でも使用されているが，近年その重点が「多様性」から「統一」にシフトしてきた感が否めない。

　同政策の理念がよく現れている政策の一つとしては，例えば「2002年国籍，移民及び庇護法」(Nationality, Immigration and Asylum Act 2002) による，英国市民権獲得のための試験及び儀式の導入が挙げられよう。同法により，新たに市民権を得る際には，英語の運用能力，ならびに英国の歴史や社会等に関する知識を問われる市民権テストに合格することが求められる。その上で，宣誓の儀式において，女王ならびに連合王国への忠誠，民主主義の擁護，そして国法の遵守を誓うことにより，はじめて市民権が付与されることとなった (岡久，2007)。つまり，英国社会の一員となるためには，英国の歴史や民主主義の理念といった共通の感覚や共通の価値を理解し，かつ受け入れること，王室と連

合王国に象徴される英国社会への帰属を表明することが条件とされている点において，同政策における移民の社会統合の側面が色濃く反映されているといえよう。

3 教育政策における「コミュニティの結束」

　教育の分野においても，2006 年教育および監査法第 154 条（Education and Inspection Act 2006, Section 154）の下，2007 年 9 月からは，全ての公立学校が「コミュニティの結束」を促進させるための教育を行うことが義務づけられ，2008 年度からは教育監査局（Office for Standards in Education: OfSTED）による監査項目にも含まれることとなった（DCSF, 2007）。

　子ども，学校，家庭省（Department for Children, Schools and Families: DCSF）の定義によれば，「コミュニティの結束」とは，全てのコミュニティに共通する価値観が社会的多様性と同時に保たれ，全ての成員に一定の機会が保障される社会の実現のための取り組みであるとされる。隣人との関係から国家レベルまで，様々な段階における社会の未来のために，異なる人々，異なるコミュニティの間に広く価値を共有することが肝要であるとされる。そして，責任ある個人として社会に関与することが求められている。

　また，学校が関与するコミュニティは 4 つの段階に区分される。第 1 に，学校自身のコミュニティとしての機能があげられる。生徒や保護者，学校職員および地域行政，そして学校の施設を利用する全ての人々を含むものである。第 2 に，学校が所在する地域のコミュニティがある。第 3 に，イギリスという国家的枠組みがあげられる。全ての学校がこのコミュニティの一部であると定義づけられる。そして，最後に国家的枠組みを超えたグローバルなコミュニティ，つまり，EU 諸国を含む国際的な関係性の中での学校としての位置付けが示される（ibid.）。そして，それらのコミュニティの中で，相互に交流を図り，協調関係を結ぶことが求められているのである。

　さらに，コミュニティの結束のために学校が果たすべき役割は次のように明

文化されている。まず，学校は機会の均等と異なるグループの統合の実現によりコミュニティの結束に寄与することとされる。しかし，一方で不平等と多様性の尊重という問題に目を向けた場合，同時に，価値を共有し，子どもたちが相互に理解しあい，互いに共通する部分を有しているという自信をもたせることも重要な役割であるとされる (ibid.)。換言すれば，差異をクローズアップし，その差異に基づく差別をなくすことに先立ち，互いの共通点を理解し，一定の価値を共有することにより成り立つ多様性の容認が，現在イギリスにおいて，政府が描く理想像としての，結束した社会のあり方であるといえよう。

では，具体的にはどのような取り組みがなされているのだろうか。現在までのところ，前述したとおり「コミュニティの結束」を実現するために学校が積極的に取り組むことが義務づけられてはいるが，特定のカリキュラムが示されている訳ではなく，その実態は各学校の裁量に任されている。学校はそれぞれのおかれた地域的な状況や社会的な状況より，独自に方策を検討し，取り組むことが求められる。

そこで，次節においては，ロンドン市内の小学校の事例を簡単に紹介する。

4　ロンドンの公立小学校の事例

A小学校は，ロンドン市内北部に位置するハリンゲイ地区に所在する中規模校である。同地域では，2005年現在の人口22万4500人のうち，約30％をエスニック・マイノリティが占めており，特にA小学校の近隣する地域は，同国に移り住んでからの年数が比較的浅い移民や難民 (refugee)，政治的亡命者 (asylum seeker) が多く居住する，同国内において最も社会・経済的に剥奪された (deprived) 地域の一つに数えられる場所である。地域住民の民族的背景は多岐に渡り，約30の民族コミュニティが存在し，それらのうちいくつかのコミュニティにおいては，継承語の維持や英語の習得，子どもたちの学習支援等のため，週末に補習授業を行う等，独自の教育活動も行われている。

とりわけ，A小学校においては，2008年8月現在，全393名の在校生の内

クルド人児童は47名おり,「その他の白人[7]」49名に次ぐ大きなグループである。その後には,カリブ海系黒人,ソマリア系黒人,トルコ系(トルコ系キプロス人含む),英国系白人(White-British)のグループが続くが,その他,世界中のあらゆる国や地域にルーツをもつ子どもが在籍している。学内では常に40種前後の言語が子どもたちの(あるいは教職員の)母語として使用されている。その他,世界中のあらゆる国や地域にルーツをもつ子どもが在籍しており,非常に「多様性」に富んだ状況にあるといえる。

同校は,英語を母語としない児童を対象としたリテラシーのクラスの開設や,音楽や歴史の授業等を通じ,各児童の文化背景を互いに共有するための活動を行う等,子どもたちのもつ多様な背景を肯定的に捉え,互いに理解するための活動に積極的に取り組んでいる。一方,11月11日の戦没者追悼記念日が近づくと,近隣にある戦没者記念碑を訪れ,英国の歴史を学び,平和への理解を深めるとともに,「英国人として」戦没者への哀悼の気持ちを学ぶ活動も行われている。

また,子どもだけではなく,英語を母語としない保護者のための英語のコースを民間支援団体と協同で開講したり,週に数回同じく英語を母語としない保護者を学校に招き,彼らと母語を共有する教員や地方行政の職員等が,保護者の悩みを聞いたり,子どもの教育へのアドバイスをする等,保護者との関係の構築にも積極的に取り組んでいる。

さらに,全校の生徒,教職員,保護者が地域のアーティストと協働で壁画を作成し,地域のショッピング・モールの改築現場の覆いとして活用するプロジェクトでは,学内だけではなく,地域社会と学校の連携も図られた。これらの積極的な取り組みの結果,2008年9月に実施されたOfSTEDの学校監査においては,「コミュニティの結束」への取り組みに関する項目で最高評価を得ている。

このように,同校では,教員による多様性への理解の面でも,平等な教育機会の確保といった面でも,さらには児童の間の互いの背景への尊重といった点においても随所に配慮が見受けられる。そのことは,第三者機関であるOfSTED

の監査結果にも表れていよう。しかし，次節で紹介する，同校で最大の民族グループであるトルコ系クルド人の事例においては，この点において少々疑問が残るといわざるを得ないのが現状であった。

5 トルコ系クルド人コミュニティの事例

　ハリンゲイにおいて近年増加を続けているマイノリティ・グループの一つにトルコ系クルド人のグループが挙げられるが，A小学校とは地下鉄の駅2つを隔てた区域にクルド人コミュニティ・センターがある。同センターは地方政府の助成を受け，ボランタリー・セクターにより運営される組織であるが，成人向けの活動の他，毎週一回，義務教育段階のトルコ系クルド人の子どもを対象とした補習校を主催している。クラスはキーステージ毎[8]に4段階に分けられ，英語，数学，科学，クルド語の授業が行われている。

　トルコ系クルド人は，同国では比較的新しいマイノリティ・グループであり，過去10数年の間に増加したといわれる。彼らは，ムスリムではあるが，旧植民地からの移民であるパキスタン系やバングラデシュ系移民と比較し，宗教的アイデンティティは一般的に希薄である。同コミュニティのメンバーの多くはアレヴィ派に属するムスリムであり，そのため，スンニ，ならびにシーアの多数派の各グループとは異なる宗教儀礼の下で生活をしている。しかし，イギリス社会においてはムスリムの間の多様性が顧みられることは稀であり，彼らは，英国では一般的に，一つの教えと宗教に支えられた「ムスリム」の一員として認識されている。マイノリティとマジョリティの文化的な差に加え，そこにも，同コミュニティと英国社会の間に横たわる根本的な齟齬と分離の要因がうかがえた。

　前述した様に，A小学校では，毎週決まった時間に保護者を学校に招く活動を行っているが，毎回4-5名程度のトルコ系クルド人の母親が出席している。そこでは，トルコ語を母語とする教員が保護者の相談を受けたり，学校や地域行政の活動を説明する等し，両者間には親密な関係が築かれている。しかし，

一方で，保護者，および補習校の教員への聞き取りにより，英国の一般的教育制度への不満や不安が浮き彫りとなった。例えば，英国の学校の教育では，子どもの人権に関しては非常に手厚く保障されているが，親や教員への尊敬や礼儀を育てるといった面において，トルコ系クルド人社会において望まれるようには育たないというのが，同コミュニティの多くの成人の意見であった。また，子どもの人権保護という点は教育規範にも及び，十分な学力を育てるという点においても不信感を抱いている保護者が多い。これは，子どもの人権を批判するものではないが，子ども教育のためにはある程度の権威を教員や親がもつ必要があるという考えが頻繁に示された。

　また，トルコ系クルド人の保護者の多くが子どもの教育には期待をもち，熱心である傾向にあるが，その一方で同グループの子どもの教育達成度は，他の民族グループの子ども教育達成度と比較して一般的に低い傾向が明らかになっており，現在DCSFによって教育支援が必要なグループの一つとして認識されている。その原因の一端としては，家庭内言語と学習言語の差が考えられる。同コミュニティの傾向として，第1世代のメンバーの英国社会からの分離の傾向が彼ら自身の言葉により語られる。第1世代の多くは，英語の運用にあまり堪能ではなく，他の民族と積極的に交流を図ろうとしない場合が多いことが，補習校の教員への聞き取り等によって指摘された。コミュニティ内部にいる限り，トルコ語で買い物ができ，衛星放送でトルコ語，クルド語の番組を視聴することが可能であるため，充分に生活をしていくことが可能な状況もある。同時に，補習校の教員は，メインストリームの教育現場における子どもたちの文化背景への無理解も指摘する。例えば，算数の教材において，子どもたちの普段の生活で見ることのない食べ物や品物が例として使われることにより，計算能力には問題のない子どもであっても，問題自体の理解に困難が生じる例等が挙げられた。

　同様に，子どもの背景への理解の点では，「イスラム教」に配慮した学校行事への招待の際に保護者が受ける不信感も語られた。先に述べたように，アレヴィ派が多数を占めるトルコ系クルド人の場合，英国で一般に認識されている

イスラム教の祭儀には特に祝う習慣のないものも少なくない。しかし，ムスリムの多様性に意識が向けられることは少なく，彼らも「ムスリムの一員」としてイベントに招かれることとなる。それは，トルコ系クルド人が最大のグループであるA小学校でも同様で，保護者たちは，英国社会一般に存在する自文化への無関心と疎外感を感じることになる。

　今回聞き取りを行ったトルコ系クルド人の成人の大部分が，「クルド人であること」を宗教的アイデンティティを含む他の全てのことより重要なアイデンティティとして挙げていた。しかし，「ムスリムである」がために，2001年の暴動や2005年のロンドン同時爆破テロ以降，同国でも顕著になったイスラモフォビア (islamophobia) の影響により，不利益を被ることも少なからずあり，そこから生じる葛藤は，彼らのより一層の英国社会からの分離を招く要因ともなり得よう。そのことは，今回の調査で出会った第一世代のトルコ系クルド人のほぼ全てが，自身の「英国人としてのアイデンティティ (Britishness)」を否定したことにも見受けられる。

　このように，「コミュニティの結束」への取り組みは，現在学校をはじめ様々な場で見られるが，マイノリティであるトルコ系クルド人の保護者や同コミュニティの側からの政策への認識や評価に目を向けると未だ課題が残っていると言わざるを得ないのが現状である。

6　おわりに

　以上を踏まえ，多文化主義に替わる新たな概念としての「コミュニティの結束」概念に対する現時点での評価を試みると，いくつかの疑問が残る。まず，多様性を容認し，差異を肯定的に捉えるとはいえ，英国社会の一員としての自覚と責任が前提とされる点は，やはりマイノリティの側の社会への適応への努力の方が多大になると考えざるを得ない。すなわち，結局は国家への帰属というある種のナショナリズム的社会統合の概念であるとも受け取られかねないのである。

また，「統一の中の多様性」という言葉においても，その力点は「統一」に傾き，文化的多様性と社会的結束の対立において，後者がより重要視されているように見て取れるのである。しかし，多文化が共存していくにあたっては，両者が相互に補完し合ってこそ社会的な安定が実現されることが予想され，今後はそのバランスをどのようにとるかということが論じられる必要があろう。

　また，トルコ系クルド人コミュニティの事例を検討するならば，英国社会における彼らの位置づけがそもそも「多様な価値の容認」に言及する「コミュニティの結束」政策の理念と矛盾する可能性がある。現在西欧諸国が抱えるムスリムの社会への統合問題の一端として英国のクルド人の存在も捉えられているのが現状であるが，同国でムスリムといえば戦後すぐに移住してきた南アジア系のオールド・カマーのイメージが非常に強く，ニュー・カマーのクルド人はその中で社会から受ける圧力と自己のアイデンティティの間で葛藤をしているように見受けられる。

　子どもたちの教育に関していえば，同国の教育制度や学校文化に関して，保護者やその他成人のコミュニティのメンバーは不信感を抱いている様子が伺えた。英国社会においては，子どもたちの人権を尊重するあまり，目上のものを尊敬するというクルド人社会においては一般的な行動規範が育ちにくいと保護者は感じており，また，学校における教育の方針についても，より強い規範のもと厳しく教育をすることを望む傾向が明らかになった。一方，トルコ系クルド人には，社会からの自己隔離傾向があることも指摘されており，彼らの英国社会における自己実現のためにも，他のグループや英国社会との相互交渉関係の構築が望まれる。

　「コミュニティの結束」政策の中心となる「社会資本」や「帰属意識」を涵養するということが，どのような意味を持ち，どのように実現されるのか，それ以前の同化主義や多文化主義とどのように異なるのか，あるいは重なるのか，更なる分析と検討を要する。

注
（1） コミュニタリアニズム思想に関しては，デランティ（2006），菊池（2004）等を参照のこと。
（2） 「コミュニティの結束」の教育における実践例は次のホームページ等で閲覧できる。
　　　http://www.schoolslinkingnetwork.org.uk/
　　　http://www.cohesioninstitute.org.uk/home
　　　http://www.teachernet.gov.uk/
（3） 本論文中で分析に用いたデータは，東京外国語大学大学院教育改革支援プログラム「高度な言語運用能力に基づく地域研究者養成」の助成の下2008年2月に実施した調査，2008年9月～2009年2月の間，日本学術振興会「若手研究者インターナショナル・トレーニング・プログラム」の助成を受け行った調査，ならびに日本学術振興会科学研究費補助金「特別研究員奨励費」の支給を受け，2009年10月に英国で実施した調査において収集したものである。
（4） 英国において「アジア系」という場合，一般に旧植民地であったインド，パキスタン，バングラデシュ等の南アジア系住民を指す。特に，2001年の暴動後は，パキスタン系ムスリムの若者の社会からの分離が指摘された。
（5） 共通の価値観とは，例えば，普遍的な人権概念や，社会への参加と社会的・道徳的責任，民主主義の概念等が挙げられる。
（6） スワン・レポートに関しては，松井（1994）に詳しく述べられている。
（7） 一般的なセンサスにおいては，アイリッシュやユダヤ人をはじめ，その他英国以外にルーツをもつ白人のことを指すが，同校においてはイギリス人以外の白人のうち，主に近年EUに加入したポーランド，ブルガリア等からの移住者が中心である。
（8） イングランドでは，初等・中等の義務教育段階において，2-3学年をキー・ステージと呼ばれるグループに分け，各段階毎にナショナル・カリキュラムによって教科内容や必修科目等が定められており，各キー・ステージの修了学年にはナショナル・テストと呼ばれる学力試験を受けることが義務づけられている。なお，キー・ステージ4の修了年次には，特にGCSE（General Certificate of Secondary Education）と呼ばれる義務教育修了試験を受けることとなる。

引用・参考文献

Cantle, T.（2008）*Community Cohesion: a new framework for race and diversity*. Hampshire: Palgrave Macmillan.

Committee of Enquiry into the Education of Children from Ethnic Minority Groups（1985）*Education for all*. London: HMSO.

デランティ，G.著／山之内靖・伊藤茂訳（2006）『コミュニティグローバル化と社会理論の変容』NTT出版.

Department for Children, Schools and Families (2007) *Guidance on the duty to promote community cohesion.* London: DCSF.

Department for Communities and Local Government (2006) *Strong and prosperous communities The Local Government.* London: HMSO.

Green, A., J. Preston and J.G. Janmaat (2008) *Education, Equality and Social Cohesion: A Comparative Analysis.* Hampshire: Palgrave Macmillan.

Home Office (2001) *Building Cohesive Communities: a Report of the Ministerial Group on Public Order and Community Cohesion.* London: Home Office.

菊池理夫 (2004)『現代のコミュニタリアニズムと「第三の道」』風行社。

Kurdish Community Center Web Site. http://www.kurdishcentre.org/kcc/about_us.html

Local Government Association (2006) *Leading Cohesive Communities.* London: Home Office.

松井清 (1994)『教育とマイノリティ―文化葛藤の中のイギリスの学校』弘文堂。

中島久朱 (2008)「イギリスにおける『コミュニティの結束』政策と公教育」『国際教育』第14号，日本国際教育学会，99-106頁。

岡久慶 (2007)「連合王国市民権の獲得―試験と忠誠の誓い」『外国の立法』231号，14-22頁。<http://www.ndl.go.jp/jp/data/publication/legis/231/023103.pdf>

激烈な生徒争奪戦を繰り広げる中国の中等職業学校

石川 啓二

キーワード：中国，中等職業学校，職業教育，技工学校，生徒争奪

1　急拡大から停滞に転じた職業学校

　中国では，1966年から10年続いた文化大革命により職業教育は壊滅的打撃を受けたが，文革終了とともに息を吹き返し，1980年代から90年代にかけて，中央政府は後期中等教育全体に占める中等職業学校のシェアを5-7割にまで高めるという目標を設定した。こうした方針に基づいて，一連の強力な政策が推進され，職業教育は急速に規模を拡大した。文化大革命のなかでとりわけ職業教育は排撃されたため，後期中等教育全体に占める中等職業学校在学者数の割合は，文革終了年である1976年にはわずか1.2％とほぼ壊滅状態であったが，それから20年経った1995年には56.8％とピークに達し，後期中等教育のなかで中等職業学校のしめる割合は半分を超えるまでに増大した。短期間で職業教育の規模がこれほど拡大したことは，世界に類を見ない現象であった。中国には科挙試験制度の下で千数百年にわたって培われてきた実学軽視の思想があり，社会主義政権下でもこうした思想が人々に染みついていたから，そうした負の遺産を乗り越えて，ブルーカラー養成を目的とする中等職業学校が大きく成長したことは，実に驚異的なことであり，政府の進める職業教育振興策が全体として大きな成功をおさめたことに，異論を差し挟む余地はない。

　しかし1990年代末には，政府の中等職業学校拡大方針が続いていたにもか

かわらず，自由化された労働市場とのマッチング不調や，大学拡張の結果として生じた後期中等教育段階の普通科志向の高まりなどにより，中国の中等職業学校は頭打ちとなり，量的停滞に転じた。2000年に後期中等教育全体に占める中等職業学校のシェアは46.5％に落ち，1995年より約10％減少した。また，中等職業学校自体にも，規模の急拡大にともない，教育経費の不足，施設・設備の不備，適格教員の不足，専攻・コース設置の不合理などの問題が浮かび上がってきた。一人っ子政策の継続による若年人口の減少と，中等職業学校の教育の質及び卒業生に対する社会的評価の低下による人気低迷という「二重苦」に直面して，中等職業学校は生徒募集難，卒業生就職難という悪循環に陥るようになった。ただし，こうした状況は地域によって大きく異なり，まだ発展の勢いを持続している地域もある。本稿ではこうした中等職業学校の現状，特に激しくなる一方の生徒争奪戦の現状を，筆者が2007年に訪問した江蘇省南京市を例に見ていきたい。

　なお，中等職業学校には，中等専業学校[1]，技工学校[2]，職業高級中学（職業高校[3]）があり，就業年数や養成目標，管轄部門等も異なっている。一般的にいって，中等専業学校は養成目標が後期中等段階をやや超えて技術者レベルまでをカバーし，各専門分野に対応する経済担当諸官庁の管轄下にあり，中卒を受け入れるコースは3-4年制が多く，高卒業生を受け入れる2年程度のコースもある。これに対して，技工学校と職業高校は普通高校と同じ3年制が多く，技工学校は労働部門，職業高校は教育部門と，管轄するお役所が違っている。歴史的原因により中等職業学校がこの3つの校種に分かれたことにより，学校間の生徒獲得競争だけでなく，管轄部門の異なる校種間でも激烈な競争が繰り広げられることとなる。また，中国には中等職業学校のほか，前期中等教育段階の初等職業学校（数はわずか），高等教育段階の高等職業技術学院もあるが，本稿では考察対象としない。

2 先行研究と，本稿の研究対象

　中国の職業教育について，中国人の手になる日本語で読める単行本として，劉文君(2004年)[4]や，丁妍(2008)[5]があり，また論文に呉琦来(2005)[6]等があるが，これらはいずれも，本稿の研究対象である中等職業学校の生徒募集難を直接取り扱ったものではない。全体として，中国の職業教育について，我が国では研究の蓄積が乏しいのが現状である[7]。ただし中国本土では近年，職業教育の研究は盛んに行われ，本稿の研究対象である中等職業学校の生徒募集難を取り扱った論文もいくつかある[8]。これらは，江西省，武漢市，河南省などの状況を紹介した論文で，本稿でも参考にした。ある意味，本稿で扱う問題は，日本ではほとんど知られていないが，現在の中国ではホットな教育問題である。最近10年ほどの間に中国の職業教育が大きな変化を遂げていることがその背景にある。

　中国では90年代後半から，普通高校への入学者数が大幅に増加する一方で，中等職業学校への入学者数が急減しはじめる。政府が発表した中国全体の統計によると，1999年に中等職業学校入学者数は1998年より66.96万人減り，前年比で15.14％減少した。さらに2000年は1999年より41.97万人減り，前年比で11.18％減少した。2001年から2003年にかけては，中学卒業生の数が急増したので，中等職業学校への入学者数は増加したが，その後期中等教育全体に占める比率は下がり続けた。2003年には普通高校と中等職業学校の入学者数の比率は64：36となり，2002年9月に国務院が公表した『職業教育改革と発展の推進に関する決定』のなかでの「中等職業学校と普通高校の比率をほぼ同じにする」という政策目標達成からの乖離が進んだ。

　入学者の縮小は同時に質の低下を意味する。中等職業学校は競争力が低いために，やむを得ず生徒を低い点数で，あるいは点数と無関係に入学させるような現象が見られるようになった。人気がない中等職業学校は，閉校になるほかなく，それを避けるために，各中等職業学校は激しい生徒争奪戦を繰り広げるようになった。このことを，本稿では南京市を例に考察した[9]。

3 南京市における中等職業教育の発展

　南京市は江蘇省の省都で，人口は700万人あまり，経済が急発展を遂げる都市で，将来的には直轄市への格上げも視野にある。10年にわたった文化大革命が終結した後，失われた10年を取り戻すべく，南京市は1995年の国民総生産を1980年比で倍増させるという経済発展目標を打ち出した。しかし，労働力の質の低さと中級・初級技術者の不足が認識され，中級レベルの技術人材の養成が急務とされた。他方では大学進学競争の激化にともない，中等職業教育は経済発展に必要な大量の中級レベルの人材を養成し，大学進学以外の進路を提供し，社会的ニーズに応えるという役割を政府から期待された。南京市では，1970年代末から1980年代の始めに，職業教育が回復・発展し始め，1980年代後期から大きな発展を見せてきた。1999年の時点で，南京市には中等職業学校が120校余りあった。職業学校にも重点校制度があり，国家レベルの重点校が8校，省レベルの重点校が8校，市レベルの重点校が15校あった。各種職業学校への入学者数は3.2万人（中等専業学校約1万6000人，技工学校約9000人，

1994-2004年南京市後期中等教育段階学校の生徒募集数[10]

(万人)

年度	普通高校	中等職業学校				普通高校と中等職業学校の比率
		小計	中等専業学校	職業高校	技工学校	
1994	1.28	2.15	0.77	1.01	0.37	37：62
1995	1.31	2.45	0.88	1.06	0.51	35：65
1996	1.49	2.92	1.11	1.21	0.60	34：66
1997	1.70	3.42	1.52	1.20	0.70	33：67
1998	1.70	3.13	1.26	1.20	0.67	35：65
1999	1.78	3.20	1.60	0.90	0.70	36：64
2000	1.41	0.91	0.76	0.02	0.13	61：39
2001	1.51	1.062	0.93	0.002	0.13	59：41
2002	2.80	2.31	1.86	0.14	0.31	55：45
2003	3.32	3.21	2.46	0.17	0.58	51：49
2004	3.72	3.57	2.51	0.17	0.89	51：49

職業高校約7000人）で，後期中等教育段階の64％を占めていた。なお，80年代後半から本格的に解禁された民営学校（個人や企業・団体等の所謂「社会力量」による学校経営）も，中等職業学校の発展に大きく寄与したことを付記しておきたい。全体として，各時期を通じて，南京市の後期中等教育全体に占める中等職業学校のシェアは，全国平均を若干上回る水準で推移している。

中等職業学校入学者が急減するのは2000年である。この年，中国全体の統計でも中等職業学校のシェアが10％ほど落ち込んだが，南京市では64％から39％へと25％も落ち込んでいる。この年，中学卒業者が急減したこともあって，中等職業学校への入学者数は一気に9100人にまで減少する。その後，職業学校入学者は再び増加に転じ，比率も回復に向かうが，90年代のように50％を超える水準には届かなかった。3つの校種別にみると，南京市では，中等専業学校が伸び，職業高校が衰退し，技工学校は一定のシェアを確保している。

2000年以降，南京で中等職業学校の人気が低下してきた要因として，最大の要因は，大学の急激な拡張にともなう，大学進学率の上昇である。1980年代初めには，大学進学率は全国平均でわずか5％前後であった。それが現在では，高等教育の大衆化が進み，25％前後に達していると推定される。こうした高学歴化志向は，多数の大学をかかえる先進経済都市南京においてはとりわけ顕著に見られる。この大学の急激な拡張が，普通高校のシェア拡大・中等職業学校のシェア縮小をもたらす大きな要因であることは容易に想像できる。

もう一つ，よく知られていない要因がある。労働市場の自由化にともなう「分配」制度の廃止がそれである。かつて，中等専業学校の卒業生の就職は，国家計画に基づき管轄の行政部門が配置先を決定する「分配」により行われていた。しかし，1994年に中等専業学校卒業生の就職は労働市場を通して自主的に職業を選択する方法に変わった。技工学校の生徒も，かつては中等専業学校と同様，国の人材需要計画によって養成され，卒業後は政府の労働計画に基づいて「分配」による職場配置が行われてきたが，1989年に中央政府は『技工学校改革の深化に関する意見』という通達を出し，労働市場で雇用者と卒業生の「双向選択」により就職させることになった。労働力の市場経済化にともない，中

等専業学校と技工学校は「卒業すれば国が就職先を斡旋してくれる」という大きな特権を失うことになった。また、この2校種の学校はかつて学費が原則無償であったが、そうした特権も、教育の市場化の荒波の中で、失われるようになった。それらが学校の魅力を大きく損なう結果になったことは、言うまでもない。ここ数年は、職業教育振興のため政府が生徒に直接補助金を支給することで、事実上学費を減免する政策が採られるようになり、特に農村出身の生徒に手厚い補助金が提供されているが、学費自体が無償に戻ったわけではない。

　南京市で関係者に聞き取りをしたところ、1990年前後までは、必ず「鉄飯碗」にありつける中等職業学校は中学卒業生に人気が高く、普通高校並みかそれより成績が高い生徒もたくさん中等職業学校に入学していたという。しかし、その後は普通高校の人気が高まり、また中等専業学校や技工学校がかつて有していた上述の特権も失われると、成績が高い生徒が普通高校を選び、成績の低い生徒が中等職業学校を選ぶ「偏差値輪切り」現象が顕著になり、中等職業学校は普通高校に入れない生徒の受け皿と化していく。これが、中等職業学校の入学者の質の低下をもたらす。そのことを、入試の点数から見てみよう。

　2005年に南京市後期中等教育の統一入学試験は680点満点（語文・数学・英語が120点、物理が100点、化学・政治が80点、歴史・体育が30点）で行われた。志願者は複数の学校に志願できるが、普通高校合格者の平均点は、第一志望校合格者が505点、第二志望校合格者が486点、第三志望校合格者者が478点であった。これに対して、技工学校は209点、中等専業学校は189点と、普通高校に比べ、非常に低い点数になっている。普通高校のうち、合格者平均点が一番低かった学校でも、400点前後はあったので、中等職業学校の入学者の成績がいかに低いかがうかがえる[11]。

　2000年以降、中等職業学校はそれぞれ合格基準点を設定はしたものの、合格基準点に到達しているかどうかにかかわらず、中学を卒業しさえすれば、実際には誰でも受け入れる場合が多かった。また、中学1・2年生にも入学許可を出す「青田買い」も横行していた。その結果は、入学者の質の著しい低下となるが、生徒が集まらず定員割れが続くと廃校に追い込まれかねない中等職業

学校は，入学者確保のため，血道を上げるようになる。

そのことを，南京市の所属する江蘇省の中等専業学校について，みてみよう。江蘇省の中等専業学校は，2000年以前は生徒を一括募集する方式をとっていたが，教育の市場化の流れのなかで，2000年から各学校が独自に募集する方式に変わった。各学校が独自に募集する方式に変わったのは，もちろん，市場原理を導入して学校間の競争を促すためである。じっと待っていれば管轄部門が生徒を配分してくれる時代は，終わりを告げた。学校別募集方式に変わった最初の年，多くの中等専業学校は各地の中学に人を派遣して宣伝活動を行い，その場で内定を出そうと考えた。しかし，実際に行ってみると，多くの技工学校・職業高校が先に行って生徒を集めた後で，進学見込みのある生徒はすでに奪われていた。その結果，定員の30％しか入学者を確保できなかった学校も現れるなど，定員割れの学校が続出し，そうした学校は存亡の危機に立たされた[12]。こうした入学者選抜方式の変更もあって，2000年以降，少ないパイを奪い合って，学校間で，あるいは校種間で激しい競争が繰り広げられるようになる。

これは，合格通知書の乱発につながる。ある新聞報道によると，南京市高淳県椏溪鎮の822人の中学卒業生は，2006年夏に各地の中等職業学校から計1万4000通余りもの合格通知書を受け取ったという[13]。計算上は，1人平均17校から合格通知書を受け取ったことになる。常識的に考えて，1人で17もの学校を志願するはずがないので，これは志願もしていない生徒に対して，合格通知書を一方的に送りつける中等職業学校があったと考えるほかない。

4 中等職業学校の生徒募集現状

南京市では，中等職業学校として，技工学校は中等専業学校に次ぐ存在であり，公立だけでなく民営の学校も多く，競争も激しい。技工学校は教育部門ではなく労働部門が管轄しているので，教育部門が管轄する普通高校と比べて，生徒募集面で不利なこともあって，とりわけ厳しい状況におかれている。以下

で，2005年前後の時期に南京市の技工学校がどのように生徒を募集していたか，関係資料や聞き取り調査をもとに，みてみたい。

ブローカーを通じた入学者確保　1990年代末から中等職業学校の生徒募集を請け負うため，各地にブローカー（仲介業者）が出現し，多くの中等職業学校が仲介業者を通じた入学者確保に走るようになる。2005年当時，南京市の大卒初任給は月額2000元前後，技工学校の学費は年間2100元であったが，生徒1人につき数百元ものマージンが支払われるのが普通で，学校経営上，仲介業者を通じた生徒確保は極めて高いコスト負担であったが，生徒募集難に悩む学校経営者は，背に腹は代えられないと，こうした仲介業者を利用するようになった。仲介業者の出現は，少子化が進む昨今では全国的に見られ，最近では，大学が乱立する中で学生募集が難しくなった大学・高等教育機関の中にも，仲介業者を活用する学校が現れている。

人脈の活用　また，多くの技工学校は仲介業者だけではなく，個人の力（人脈）も借りて，生徒募集活動を行っている。南京市の多くの技工学校がこうした方式で生徒募集活動を展開している。

具体的には，(1)中学卒業予定者のクラス担任，(2)その技工学校の在学生及びその親，(3)その技工学校の卒業生及びその親，(4)その技工学校の教員，(5)一部の社会人にはたらきかけて，生徒募集活動に協力してもらう。もちろん，各種報道を総合すると，生徒獲得の成果に応じて謝礼が支払われるのは「公然の秘密」である。特に，(1)と(2)が生徒募集活動の主力である。街頭で募集活動を行うのは，主として技工学校の在学生である。なかでも，卒業予定者をかかえる中学のクラス担任に対するはたらきかけは熾烈を極める。人脈が重視される中国では，カネをかけてテレビコマーシャルを流したり，新聞雑誌に広告を載せたりするより，こうした人脈を生かした宣伝活動の方が効果は高い。技工学校から依頼を受けた中学のクラス担任の先生たちは，学内で受け持ちの生徒にその技工学校への入学をはたらきかけるだけでなく，地元の村々を回って親たちにその技工学校を組織的に宣伝する。

こうした人脈を生かした生徒募集活動は，技工学校が直接展開する場合もあ

れば，前述の仲介業者が企画して実施する場合もあれば，技工学校から依頼を受けた中学教師がとりまとめ役になって，知人の教師たちにはたらきかけて実施する場合もある。また，中学３年生のクラス担任を自校視察に招いて，自校の魅力をアピールし，生徒の第一志望校として自校の名前を記入してもらうよう，受け持ちの生徒やその親たちへのはたらきかけを依頼することもある。さらに，入学を考えている生徒を「交通費学校負担・昼食付き」で学校見学会に招待するといったことも，よく行われる。

技工学校の教職員自身も生徒募集活動に参加　入学者を確保するため，技工学校の教職員も生徒募集活動への参加を求められる。中国でも教職員評価が盛んになっているが，多くの学校で，生徒を何人獲得したかどうかが，重要な評価項目の一つになっている。毎年続けてノルマを達成できなかった教職員が解雇されるといったことも，極端なケースではあるが，起きている。生徒を多数獲得した教職員に対して，生徒１人につき一定額の報奨金が支払われることもある。教職員は，自分の家族・親戚・友人・知人・隣近所の人，ひいては家族の知り合い・友人の知り合いなど，あらゆる人脈をたどり，いろいろな経費の自腹を切って，入学希望者を探し歩くことを強いられる。技工学校の教職員は入学者を集めるため，他の学校と競争するほかに，学校の同僚ともライバルになってしまい，同僚との関係が悪くなるといったように，過酷な生徒募集ノルマは様々なひずみを生み出す原因になっている。

かさむ生徒募集コスト　こうして，あの手この手を使って技工学校は生徒募集活動を展開し，入学者の確保をはかっている。技工学校のほか，他の２校種の職業学校（中等専業学校と職業高校）にも，程度の差こそあれ，技工学校の場合と似通った現象が見られる。その結果，生徒募集費用が年々上昇するなど，マイナス面の作用も大きい。人気が低い技工学校では，１人の生徒を獲得するための費用が1000元近くに達するなど，学校経営上の大きな負担になっていると伝えられている。それにより教育の質を高めるための投資にしわ寄せがいくことは避けられない。また，リベートに駆り立てられる募集スタッフ（仲介業者）は，依頼を受けた職業学校をともすれば誇大に宣伝しがちで，他の学校

をけなしたりすること（ネガティブ・キャンペーン）も多く，入学後に宣伝内容が実際と異なっていることに気づいた生徒が学校側に抗議するといった騒動もままあり，そうしたことは新聞やメディア等でよく伝えられ，一種の社会問題になっている。

就職斡旋確約書の活用　中等専業学校や技工学校がかつて有していた「分配」（卒業後の国による就職先斡旋）という特権を失って以降，「就職斡旋率100%」を強調することが，自校の魅力をアピールするために，もっとも効果的方法となった。多くの中学新卒者が普通高校へ流れていく風潮のなかで，職業学校が中学新卒者に自校の魅力をアピールするため，「普通高校から大学へと進学しても，大学教育が大衆化した今では，将来よい就職先にありつけるかどうかは分からない，確実に就職したいなら，職業学校に進学しましょう」という言い方がよくなされる。それでも不安な中学3年生に対して，入学前から「就職斡旋確約書」（就職協議書）を手渡して，自校への入学につなげることがよく行われる。ある技工学校は2005年就職協議書において，入学した生徒に対して，卒業までに確実に就職先を紹介することを約束しており，ちゃんと勉強して卒業したにもかかわらず就職できなかった生徒には支払った学費を全額返還することを約束するなどして，生徒を100%就職させることへの自信をアピールしている。「就職できなかった生徒にそれまでの学費を返還する」といったことは，日本の学校ではなかなか実施は困難であろうが，そこまで約束しないと生徒が確保できないほど，南京の中等職業学校は「買い手市場」になっている。

5　おわりに

以上，南京市を中心に，中等職業学校が直面する生徒募集の現状をみてきた。中等職業教育が直面している多方面にわたる問題は，主に3つの構造的要因にまとめることができる。まず，第1は教育資金の欠如である。これが中等職業教育に必要とされる施設・設備，専門科目の教員の不備などの問題を引き起こし，中等職業教育の質の低下をもたらす大きな原因となった。中等職業教育の

低い質,そして施設・設備と合格教員の不備による先端科目の設置の不足は,卒業生の労働市場での受け入れ困難という第2の問題を引き起こした。中等職業学校卒業生の労働市場での低い評価によって,企業側は基礎的資質に優れた普通高級中学卒業生の採用を好むようになる。一方で技能労働者が欠乏し,他方で中等職業学校の卒業生の就職先が見つからないという矛盾が全国で多くの地域で観察される。中等職業学校の「出口」の問題は「入口」の問題を引き起こし,結果的に第3の問題を誘発した。すなわち,入学者の獲得にめぐって普通高校と競合し,優秀な生徒は普通高校を志向するようになった。中等職業学校入学者の多数の成績が低いことが,職業学校のさらなる質の低下をもたらした。このように,中等職業教育の構造的要因はお互い関連しつつ,ひとつのサイクルを形成している。

　一人っ子政策が続く中国では,15歳人口が今後も減り続けることが予想され,中等職業学校は今後も厳しい状況が続くことが予想される。このようななかで,中等職業学校にとって,希望が持てる状況も生まれている。大学の急激な拡張の結果,大学を卒業してもよい仕事にありつけるとは限らないということも,人々に知れ渡りはじめている。一方,4年制大学への進学競争が極度に過熱するのを避けるべく,政府は3年制の「高等職業技術学院」の発展に力を入れ,現在では高等教育の半分近くを占めるに至っている。この「職業技術学院」の入学試験は,普通高校と中等職業学校の卒業生とでは異なる方式で行われ,一部の地方では,中等職業学校卒業生は推薦入学に近い方式で高等職業技術学院に入学できるなどの優遇策が採られるようになっている。もちろん,制度上は,中等職業学校の新卒者も現在は普通高校校の新卒者と同様,統一大学入試を受験して高等職業技術学院以外の一般の大学に進学することも可能となっていて,いわゆる「袋小路」ではなくなっている[14]。このことにより,中等職業学校への進学のインセンティブを与えることも期待された。

　しかし,中等職業学校の新卒者の大学進学を許可することで,大学受験科目となる普通科目に偏した教育課程を組む中等職業学校が出現する可能性も生じる。そのことは,中等職業教育の形骸化を引き起こすという矛盾を孕んでいる。

そうした問題点をはらみつつ，大学への門戸開放が中等職業学校に生き残りのチャンスを与えることになるのかどうか，そうした点で今後の動向が注目される。

注
（1） 中等専業学校は，1952年，当時の政務院より公布された『中等技術教育の整理・発展に関する指示』に基づいて，従来の高級職業学校の改編によって創設された。中等専業学校の工科系の学校については，中国の工業技術者の職階である「高級工程師」・「工程師」・「助理工程師」・「技術員」の4ランクのなかで最下級の「技術員」を養成する教育機関である。中学卒業生の修業年限は3-4年で，普通高校卒業者の場合は一般に2年。
（2） 技工学校は建国初期，都市部の失業者に対して職業訓練を施す訓練クラスが創設されたことにその起源が求められる。技工学校を所轄する主体は，地方労働部門・地方産業部門・公司・地方所属企業・集団所有制部門・中央部門・中央直属企業等である。中国の技術労働者は8等級に分けられ，1-3級が初級工，4-6級が中級工，7-8級が高級工であるが，技工学校は「現代的な生産技能を修得した4級相当の技術労働者を養成する」ことを目的とし，3年制が主である。
（3） 職業高校は，1980年代から急速に発展してきた，新しいタイプの中等職業教育機関で，普通高校・農業高校等から改組された学校も多い。職業高校の教育目標は，普通高校相当の教養と一定の生産知識・技術を身につけた労働者を養成することである。中学卒業生を入学させ，修学年限は3年が主である。
（4） 劉文君『中国の職業教育拡大政策－背景・実現過程・帰結』東信堂，2004年。東京大学大学院教育学研究科博士学位論文『中国における職業教育拡大政策の実施過程に関する実証的研究』の一部をまとめたもの。
（5） 丁妍『現代中国の中等職業教育－市場経済移行期における技術労働者学校の変容』ブイツーソリューション，2008年。
（6） 呉琦来『経済発展過程における中国の後期中等職業教育の発展－政策方針・労働需要および教育需要からの考察』中国研究月報，2005年7月。
（7） 中国の職業教育のたどった曲折した歴史については，石川啓二「中国における職業教育制度の位置づけの変遷」東京学芸大学国際教育センター『地域研究と現地理解－グローバル化時代の教育動向－』，2005年を参照のこと。
（8） 陳勝祥（江西師範大学）『中等職業教育招生的困境，成因与対策研究（中等職業教育の生徒募集の苦境・成因及び対策研究）』，この論文は主として江西省の中等職業学校を分析の対象としている。また，劉莉萍（華中師範大学）『中等職業学校招生難的原因分析及対策思考－以武漢市財経学校為例（中等職業学校の生徒募集難の原因分析及び対策の思考－武漢市財経学校を例として）』，葉冬青（南京師範大学）『中等職業技術

学校生源困境的原因与教育対策研究－以河南省商丘市為個案（中等職業技術学校の生徒募集の苦境及び教育の対策研究－河南省商丘市を例として）』など，これらはいずれも修士論文。
（9）　以下，本稿は主に南京市で収集した資料や聞き取り調査，各種報道をもとに，記述した。
（10）　1994年のデータ：『中考指南』南京市高等学校招生弁公室，1994年5月，表2。1995年：『中考指南』1995年5月，2頁。1996年：『中考指南』1996年5月，2頁。1997年：『中考指南』1997年5月，2頁。1998年：『中考指南』1998年5月，1頁。1999年：『中考指南』1999年4月，1頁。2000年：劉安康・黄盛万『初中卒業生昇学指導（2001）』南京師範大学出版社，2001年5月，147頁。2001年：劉安康・黄盛万『南京市中考指南（2002）』南京師範大学出版社，2002年4月，141頁。2002年：劉安康・黄盛万『南京市中考指南（2003）』南京師範大学出版社，2003年4月，150頁。2003年：劉安康・黄盛万『南京市中考指南（2004）』南京師範大学出版社，2004年4月，147頁。2004年：劉安康・黄盛万『南京市中考指南（2005）』南京師範大学出版社，2005年5月，145頁。なお，「中考」は後期中等教育機関への統一入学試験を指す。
（11）　劉安康・黄盛万『2006年南京市中考指南』南京師範大学出版社，2006年5月。
（12）　金優「今年中等専業学校の学生募集の形勢は依然として厳しい」蘇州商業学校，中国教育和計算機科研網（http://www.edu.cn/2001）
（13）　朱宏俊「822人の中学卒業生は1万4000通余りの合格通知書を受け取った」『南京晨報』，2006年7月26日。
（14）　教育部は2000年の『普通高等教育機関学生募集工作規定』で，中等職業学校の生徒が卒業後すぐには大学統一入試を受験できないという規制を廃止し，大学入学への道を開いた。

中国における観光業中等職業学校の設立と発展
——70-80年代に設立された伝統校数校を事例として——

志賀 幹郎

キーワード：中国，中等職業学校，観光専攻，多機能化，校企合作

はじめに

　改革開放政策が進められて30年，中国の第三次産業は大きく進展した。サービス業に従事する人材の育成は急務とされ，中等教育段階でも多くの職業教育学校にサービス業関連専攻が設けられるようになった。それだけではなく，サービス業に特化した職業教育学校も各地に設立された。

　それらの職業教育学校は，拡大するサービス業業界との連携を深め，業界の人材需要に応えることを使命として共存・繁栄を模索していると言える。一般に中国の職業教育学校は，学校の各専攻に対応する業界と強く結び付いており，教育や就職のみならず，労働者の訓練や資格認定にも取り組んでいる。サービス業関連の各学校・各専攻も各省観光局（旅遊局），業界団体，ホテル・レストラン・旅行会社などの企業と密接につながりを持っている。

　本稿では，主要なサービス業関連の専攻である観光専攻の中等職業学校に着目して，発展の経過を述べるとともに特徴について考察を行いたい。観光専攻は中国語では「旅游」と表されるが，「行，游（遊），住，食，购（購），娯（娛）」と言われるように，交通・観光・宿泊・飲食・買い物・レクリエーションの6つの領域をカバーする広い概念を有している。「旅游」をキーワードとして，各地の「旅游学校」の設立について，中等職業学校の発展初期である

80年代までを中心に整理することとする。また，現在に至る「旅游学校」の発展の状況を，それら早い時期に設立された「旅游学校」数校を例にとって把握してみたい。なお，これらは後期中等教育段階の学校である。

本稿の構成は，まず1で中国の中等職業教育の発展の全体的様相を把握したのち，2で観光専攻の中等職業学校の設立様態について整理する。そして，3で「旅游学校」の現状について実例をひき発展の方向性について考察を加えることとする。

1 中等職業教育の発展

中国の中等職業教育は，文化大革命の時期に壊滅的状態に陥った後，改革開放政策の下で急速な発展を遂げた。後期中等教育に占める職業学校生の割合は文化大革命末期の77年にわずか1.3％であったが，90年代半ばには60％に迫るまでになった（丁，2001）。しかし，それ以降は数年そのレベルを維持した後，普通高校への進学熱が高まる中，90年代末から割合が押し戻されていった。

2000年ごろまでの中国の中等職業教育の発展過程は，職業高校振興を中心とする中央政府の施策と，学校数および在学者数の変化に着目した研究によって，2期あるいは3期に分けて把握されている。例えば，丁（2001）は90年代半ばを境界線に「高度成長期」と「停滞期」と定義している。また，劉（2006）は，各期を特徴づける文書として「中等教育構造の改革に関する報告」（教育部・国家労働総局，1980），「教育体制改革に関する決定」（中共中央，1985）など，「21世紀に向かっての教育振興行動計画」（国務院，1999）を掲げ，「回復・振興期（1970年代末－1980年代前半）」「拡大期（1980年代後半－1990年代後半）」「調整期（1990年代末－）」と3期に区分している。

今日では，高学歴志向の風潮の中，中等職業学校は生徒募集に苦慮する事態が続くなど様々な問題を抱えている。しかし，中等職業学校には社会への労働力人材供給という役割が期待されており，特に経済発展地域では求人需要が大きいため，企業と一体化した学校運営によって成功を収めている学校も多く見

られる。

　普通教育との比較において「停滞期」「調整期」と位置づけられたが，2000年以降も職業教育振興は第十期五か年計画(2001-2005年)，第十一期五か年計画(2006-2010年)において重要課題として提起されている。そうした文書は，人材はまだまだ不足しているとして職業教育の必要を訴えるとともに，生徒数や学校数の拡大，専攻の拡大や産業界の需要とのマッチング，実習場所の整備や企業との連携，労働者研修の拡大・充実，職業学校教師の資質向上などを謳っているが，特に農村労働力への職業技術教育・協力に力点をおいていることが窺われる。

　例えば，2006年の国務院文書「職業教育強力発展についての国務院決定」[1]では，「四大工程」として最も力を入れて取り組むべき職業教育の4領域が示されているが，それは「各種専門技術者の養成」，「農村労働力の移動技術教育」，「農村人材の育成」，「成人継続教育・再就職訓練」となっている。その内容からは，職業教育の扱う専門領域が拡大していること，必要とされる技術力が深化していることが認識され，それへの対応を進めるとともに，農村の豊富な労働力を活用し農村自体の生産性を高めるということが課題となっていることが分かる。

　当然省政府の文書も同様の方向性に立っている。広東省を例に挙げれば「広東省教育現代化建設綱要(2004年-2020年)」「広東省教育現代化建設綱要実施意見(2004-2010年)」が発表されているが，農村基礎教育と職業技術教育の振興が特に強調されているのである。

　職業教育は依然重要な教育課題だと考えられており，特に農村労働力対策が急務であると認識されていることが確認できるであろう。

2　観光業中等職業学校の開設

　観光業専門の職業教育の大きな特徴は，改革開放政策以降に新たに登場してきた職業教育の分野であるということである。観光業自体は，遡れば19世紀

半ば以降西欧各国との関係が深まる中で発達し，中華人民共和国成立後も中国旅行社などが独占する形で行ってきたが，自由旅行が認められていない国内状況では多くの人材を必要とする分野ではなかった。

　中国の中等職業学校としては，建国後ソビエト連邦の職業教育をモデルとして中等専業学校と技工学校が作られた。それは主に第二次産業に属する工場労働者や管理者を養成するための学校であった。それらの学校も文化大革命期には縮小を余儀なくされたが，中国が改革開放政策に転じ職業教育が重視されることで復活していった。これに比べて，サービス業という第三次産業の人材育成は改革開放政策によって社会が大きく変化したことで新たに登場してきた課題であり，その職業教育を担う職業教育学校およびサービス業専攻課程を一から立ち上げる必要があったのである。

　70年代後半から80年代に開設された観光専攻の中等職業学校はどのような形態で設置されていったのであろうか。観光業専門の中等職業学校の嚆矢は，1973年創立の広州市服務行業中等専業学校（現校名：広州市旅遊職業学校）であり，それに続く学校としては江蘇省旅遊学校（1978年創立。現校名：南京市旅遊職業学院），北京市旅遊服務学校（1979年創立），四川省旅遊学校（1979年創立），湖北省旅遊学校（1979年創立）がある[2]。なお，高等職業学校としては1978年創立の北京連合大学旅遊学院（現校名），1979年創立の上海旅遊専科学校などが早い時期に設立された学校である。文化大革命中に創設された広州市服務行業中等専業学校のような時代を先取りした開校例はあるものの，改革開放政策に転じて数年の時点では観光業専攻を主体とする職業学校数はまだ微々たるものだったのである。

　中国では1980年時点で第三次産業の国内総生産に占める割合は20％を超えていた[3]。しかし，中等職業学校でのサービス業の人材育成は進んでいなかった（黄，1996）。学科数を比較しても，1981年時点での総計385学科の内訳は，多いものでは工科220，農林52，財経39があるが，観光関連はわずかに8という少なさであった（陸，1998）。

　上述の各校は，いずれも新設の観光専門の中等専業学校であり，各省市旅遊

局の管轄の下，観光業人材育成の先導役を果たすことになる。同様の学校は80年代に他の省にも設立されていった。河北省の石家荘市旅遊学校（1984年創立），貴州省旅遊学校（1986年創立），陝西省旅遊学校（1987年創立）などである。

　このような省の旅遊局が管轄する学校だけでなく，市や自治州のレベルでの公設学校も作られた。1983年湖南省湘西自治州教育委員会開設の大庸県民族旅遊職業学校（1995年張家界旅遊職業学校，2006年張家界旅遊学校に校名変更）や1985年北京市が開設した「国有民営」の北京市振華旅遊学校が挙げられる。

　一方，1981年に「全日制六年制重点中学教学計画（試行草案）」が発表され，普通高校に選択科目というかたちで職業教育が取り入れられるようになった（石川，2005）。当初は重点中学に限られ，選択科目の設置にとどまっていたが，その後職業クラスの開設や職業科の設置が認められるようになり，職業高校への転換も行われるようになった。この例としては上海市旅遊服務職業技術学校が挙げられる。同校の前身は上海市黄浦中学であり，職業クラスの開設を経て1985年に校名が変更されるに至った。また，山西省最初の観光専攻職業学校という太原市旅游職業中学は太原市第二十八中が転換された学校であり（1988年），山東省の青島旅游学校の前身は青島第二十九中学である（1958年創立，1980年職業科設置，1986年ホテルサービス専攻設置，1994年校名変更）。

　普通中学からの転換だけではなく，産業各部門が管轄する学校から観光業専門の学校に転換するようなことも起こった。労働力需要が低下している業種に関連する専門の職業学校が労働力需要が高まっている観光業専門の職業学校へと姿を変えていった。例えば，地質鉱産部管轄の昆明地質学校（1956年創立）は1998年に雲南省旅游学校として再出発を果たしている[4]。

　こうして，観光業専門の中等職業学校はサービス業業界の発展と歩を一にして進む。全国一律ではないものの，経済発展と生活文化の向上はサービス業関連の雇用を創出し，人材の供給が観光業専門の中等職業学校に求められたのである。

　以上のことから，省の観光専攻の拠点として新設された学校，観光事業の発展が期待される都市や地方で新設された学校，普通中学あるいは別専門の職業

表1 設置タイプ別「旅游学校」(70年代～80年代開設校を中心にして)

タイプ	省市	現校名	設立	前身
省設置	江蘇	南京旅遊職業学院	1978	江蘇省旅遊学校
	四川	四川省旅遊学校	1979	-
	湖北	湖北省旅遊学校	1979	湖北省旅遊技工学校
	安徽	黄山旅遊職業学校	1984	-
	河北	石家荘市旅遊学校	1984	-
	貴州	貴州省旅遊学校	1986	-
	陝西	陝西省旅遊学校	1987	-
市／自治州設置	広州	広州市旅遊職業学校	1973	広州市服務行業中等専業学校
	北京	(不明)	1979	北京市旅遊(第一)服務学校
	湖南	張家界旅遊学校	1983	大庸県民族旅遊職業学校
普通科・他専攻からの転換	上海	上海市旅遊服務職業技術学校	1985(校名変更)	上海市黄浦中学
	山西	太原市旅遊職業中学	1988(校名変更)	太原市第二十八中学
	雲南	雲南省旅遊学校	1998(校名変更)	昆明地質学校
	山東省青島	青島旅遊学校	1994(校名変更)	青島第二十九中学

(出所：各校HP，校誌などから筆者作成)

学校からの転換によって観光専攻を中心に再出発した学校とタイプの違いが認められるのである(表1)。

業界の発展と同時に，社会の様々な変化にも対応が求められた。流動人口の増加により，都市での職業訓練の需要が高まり，中等職業学校は訓練・資格認定の機能を果たすことが求められるようになった。卒業分配制度の廃止により求人市場に敏感な学校運営が必須のこととなり，魅力のある教育体制を整えるために様々な取り組みを行うようになった。学校の設置主体としては，公設の学校はもちろん，公設民営の学校や企業などが出資した私立学校も増えていった。こうして，観光業専門の中等職業教育も「労働需要主導型」(呉，2005)の発展を遂げていった。

全国の観光専門の職業学校および観光学科を設けている職業学校の総数は，第十期五か年計画終了時の2005年時点で，中等教育段階で643校，高等教育

段階で693校となった。在校生数は中等教育段階で約26万人，高等教育段階で約31万人となっている[5]。第十期五か年計画時期の推移を国家旅遊局の統計によって見てみると，中等教育段階では学校数は減少，在校生数では増減が見られ結果的には横ばいということになる。一方，高等教育段階では確実に増加傾向が見てとれる（図1，2）。

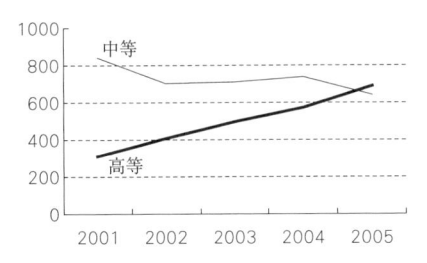

図1 観光業中等および高等職業学校数の推移
（出所：2001-2005年全国旅遊院校基本情況（国家旅遊局HP）より筆者作成）

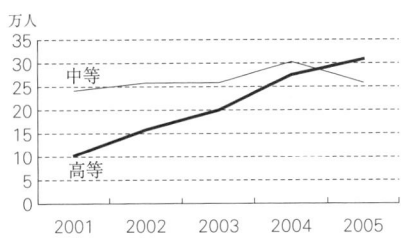

図2 観光業中等および高等職業学校在校生数の推移
（出所：2001-2005年全国旅遊院校基本情況（国家旅遊局HP）より筆者作成）

　その背景には高学歴志向の風潮があると考えられるが，それへの対応として中等職業学校が高等教育段階の課程を設ける例が増えている。「3＋2」「2＋3」という課程で，3（2）年間中等職業学校で学び，続く2（3）年間を提携先の大学や高等職業学校で学ぶという方式である。このようにして生徒の進学意欲に応えることで入学者数の減少を回避しているとも言えるだろう。また，より上級の課程を設けることは学校のステイタスを高めることにつながっている。

3 「旅游学校」の現状

　前節では70年代から80年代に設立された「旅游学校」について設立形態から整理した。また，近年の学校数・在学者数を示し，数の上での発展について確認した。ここでは，発展の内実に踏み込んでみることとする。すべての「旅

游学校」の発展の軌跡をたどるのは至難の業であるので，本稿では試みに歴史の古い学校を対象に定め，発展拡大の過程と現状を把握してみることとする。70年代から80年代に開校した学校は設立が早い学校と捉えられるが，なかでも70年代に開校した5校は特に古い歴史を持つ学校と言える[6]。その中で残念ながら北京旅遊服務学校については詳細を知ることができなかった。残りの四校，すなわち広州市旅遊職業学校，江蘇省旅遊学校，四川省旅遊学校，湖北省旅遊学校について軌跡をたどることとしたい。

　4校の中でも，広州市旅遊職業学校の前身である広州市服務行業中等専業学校の創立は1973年と非常に早い。広州という観光資源に恵まれた都市の将来を見越した学校開設だったであろうことは容易に推察できる。また，古くから開けた地方で，多くの華僑の故地でもあり開明的な考え方をする人も多かった。

　予測に違わず現在広州は中国の有数の観光業発展都市となっている。2008年広州市の観光業進展状況を，市別（直轄市を含む）の国内旅行者数・観光業外貨収入で見てみると（表2），国内旅行者数で同じ広東省の深圳市に次いで2位，観光業外貨収入は直轄市の上海市，北京市が全国1，2位であるが，広州市は両市に次いで3位となっている。

広州市旅遊職業学校（旧広州市服務行業中等専業学校）　　30周年記念誌と黎永泰校長および陳一萍副校長からの聞き取りによると[7]，「広州市服務行業中等専業学校」が1973年に広州市服務局によって開設された当初は，学校といっ

表2　2008年市別（直轄市を含む）国内旅行者数・観光業外貨収入

	都市名	国内旅行者数単位（万人）	前年度比		都市名	観光業外貨収入単位（万ドル）	前年度比
1	深圳市	869.57	4.6	1	上海市	497.172	6.4
2	広州市	612.48	0.2	2	北京市	445.913	−2.6
3	上海市	526.47	1.2	3	広州市	313.036	−1.9
4	北京市	379.04	−13.0	4	深圳市	270.399	3.1
5	珠海市	286.22	1.5	5	杭州市	129.610	15.0

（出所：国家旅遊局2008年中国旅遊業統計公報）

ても敷地200㎡に満たない食堂の一室が教室であり，生徒数は10数名という少なさであったという。当時は「旅遊（観光）」という概念自体が新奇なものであり，果たして一つの産業として成熟し得るのかも疑われる社会状況であったという。そうした時代背景のなか，「食在広州」という伝統的名声をたのみ，広東料理の調理師を養成するという使命を第一に掲げ開校した。

まもなく文化大革命が終わり広州の経済活動も復活しサービス業も発展することとなった。資金難の中，1976年には生徒・教師2000名が協力して4000㎡の校舎を新設したとのことである。また，同時期に「羊城飯店」を開店し，業界との連携に乗り出す端緒を自ら開くこととなった。

1980年代に入ると中国の観光業は急速に発展し，広州市服務行業中等専業学校も並行して発展していくことになる。1984年には広州のホテル業界の人材需要に合わせてホテル専攻科を設置した。そして，学校名を広州市服務旅遊中等専業学校と改め，観光業に関わる総合的な職業学校として発展していくことになる。

1990年代は観光業がさらに発展することとなる。1990年に新たに観光ガイド専攻科が設置された。1994年には広州市南星観光ガイドサービス管理会社を立ち上げ，実習と在職者研修のための体制を固めた。

現在，広州市旅遊職業学校は大きく分けて調理，観光サービス・管理，ビジネス外国語，ホテルサービス・管理の4専攻を主体としている。市内三箇所で

表3　広州市旅遊職業学校の2009年度生徒募集

（3校区合わせた人数）

課程	専攻名	募集人数	
		広州地区	省内外
中専	調理	400	100
	観光サービス・管理	350	150
	ビジネス外国語（英語）	150	－
	ビジネス外国語（日本語）	50	－
	ホテルサービス・管理	150	－

（出所：広州市旅遊職業学校リーフレット内　2009年招生計画）

教育が行われているほか，提携校への教育支援を行っている。表3は2009年度の募集人数を示したものである。

四川省旅遊学校　1979年四川省旅遊学校は四川省の省都成都に設立された。90年代に入り，1991年四川省旅遊局職位研修センター，1994年国家旅遊業職業技能鑑定機関，2000年全国高級ホテル経理部門指定研修機関，2003年西部青年人材刷新研修機関となるなど多機能化していった。また，2001年にはイタリア政府の支援を受け学生の海外研修を行うようになり，同時期に，ホテルや旅行社や観光地管理局と提携し，実習先や就職先として関係を深めることとなった。表4は2009年の生徒募集の課程と専攻を示したものであるが，成人大専課程が設けられていることと，専攻に不動産管理やコンピュータ応用などの広がりが見られる点が広州市旅遊職業学校と異なる。

湖南省旅遊学校　湖北省旅遊学校は1979年に設立された湖北省旅遊技工学校を前身とする。1986年に省教育委員会によって校名が変更され省管轄の中等専業学校となった。開校から90年代初頭までは生徒数250名程度の小規模校であった。その後，省政府から94年に「観光業発展における問題の解決

表4　2009年四川省旅遊学校の生徒募集の課程と専攻

課程	専攻名	期間	募集対象
中専	ホテルサービス・管理	3年	中学卒業生
	観光サービス・管理（ガイド，解説員）		
	観光サービス・管理（运动休闲旅游方向）		
	ビジネス英語		
	渉外接待		
	観光電子サービス		
	不動産管理		
	コンピュータ応用		
成人大専	観光管理（ホテル管理）	2年	高校卒業生
	観光管理（ガイド，解説員）		
中専	ホテルサービス・管理	1年	高校卒業生

（出所：遂寧招生考試網HP　四川省旅遊学校招生簡章）

に関する会議要録」，96年に「観光業発展強化に関する決定」が公表されるなど，観光業への振興策が本格化することとなった⁽⁸⁾。

そうした風を受けて，湖北省旅遊学校は省教育委員会から95年に教学条件合格学校，96年に校園管理優秀学校の表彰を受けるなどしたが，99年には湖北大学との学校間連携により湖北大学職業技術学院武昌校区を開設することで高等教育段階の課程を設けるまでになった。また，武漢大学，華中師範大学などと大専課程で連携している。観光関連の10以上の専攻を持ち，高等教育段階の課程を開発している点で四川省旅遊学校と近い発展過程をたどっていると捉えられる。

南京旅遊職業学院（旧江蘇省旅遊学校）　　最後に，江蘇省旅遊学校の発展について略述しよう。文化大革命終了直後の1978年，江蘇省宜興県（現宜興市）にホテルサービス，調理，運転・操縦の3専攻を持つ江蘇省旅遊学校が設立された。1984年南京に移転し校名を南京旅遊学校に変更し，技工学校から中等専業学校へと校種も変更し事業拡大の途をひらいた⁽⁹⁾。84年から高校卒業生を募集して2年制の職業教育課程を開始し，高等教育段階の教育に取り組み始めた。1991年には南京に開学していた金陵ホテル管理幹部学院と提携し，ホテルサービス専攻の研修センター（人材培訓中心）を設置し事業を拡大した。2000年からは5年一貫制の課程を設けた。このように徐々に高等教育段階の教育の実績を積み上げて，とうとう2007年に南京旅遊職業学院として，24の専攻を持つ江蘇省唯一の観光専攻の高等職業学校となったのである⁽¹⁰⁾。

歴史のある「旅游学校」がどのように発展してきたのか，4校の軌跡と現状を比較すると共通点と相違点が指摘できる。学校の規模を考えると，生徒数や設置専攻数が増えてきており全体的に拡大傾向にあるという共通点がある。一方，その拡大の様相を比べれば，基本的に従来の中等職業学校として運営されている広州市旅遊職業学校，大専課程を持ち専攻も拡張している四川省旅遊学校と湖北省旅遊学校，高等職業学校として再構成された南京旅遊職業学院と明らかに違いが見られる。この違いは，市立と省立という設置主体の規模の違いや立地条件の制約（広州市旅遊職業学校は広州市中心部の3校地），また広州市旅遊

職業学校の主要専攻の調理専攻に高等教育需要が少ないということに基づくものだが，高学歴志向が強まり，職業技術の高度化や資格制度の厳密化が進む現状では，高等教育段階の職業教育も行う学校は生徒募集の点で優位にあると考えられよう。そういう意味では，四川省旅遊学校，湖北省旅遊学校，南京旅遊職業学院は順当な運営戦略にのってきたわけである。むしろ，広州市旅遊職業学校が広州という観光都市の伝統校という優位性を生かして，拡大規模が比較的小さい状態で技術労働者を輩出していることに独自の方向性が認められる。劉（2004）が言うように，省や市レベルの職業教育行政では中央政府の示達を生硬に適用するのではなく，各省市の経済動向や労働市場を見極めつつ各学校と協同して生徒募集や人材育成を進めることが課題である。これらの「旅遊学校」の発展もこうした課題への取り組みとして把握されよう。

おわりに

　中等職業学校は初級中学卒業の生徒に3年間の職業教育を行うだけではない。本稿でも，5年制課程や大専課程など高等教育段階の課程も実施していることは伝えたが，在職者の現職訓練の機関となっていること，農村労働力の職業技術訓練のセンターとなっていること，また職業技術資格認定の機関になっていることには触れられなかった。また，通常の教育課程においても校内での実習に加えて企業での実習がカリキュラム化されており，学校単独で行えるものではなくなっている。まさに学校は多機能化しているのであり，このような点からも関係する各級政府，業界，企業，大学などと相互協力，相互依存関係で強力に結びついていることが確認できるだろう。さらに，特に観光業では提携先として諸外国の企業，大学，職業教育各学校が求められる。本稿で検討した各校もそうした外国の提携機関は数多い。高等教育段階の各種課程の設置に関して比較的拡大傾向がないとした広州市旅遊職業学校も関係業界，企業とは非常に強い結びつきを持っている。そうした人脈ならぬ学校脈，組織脈がそれぞれの「旅游学校」の核心に存在するのである。

注
（1） 「国務院関於大力発展職業教育的決定」2006年。
（2） 開校年，設置専攻，生徒募集などは，各校のHPや各種職業教育サイト，観光業サイトで確認した。北京市旅遊局の北京旅遊信息網（http://www.bjta.bov.cn）によると，北京市旅遊服務学校の当初校名は「北京市第一服務学校」とのことである。
（3） 『中国統計年鑑』1995年。
（4） 専攻は観光関係が主体であるが，地質・測量・建築など前身の昆明地質学校以来の専攻も続いている。
（5） 2005年全国旅遊培訓統計情況（全国旅遊院校基本情況）（国家旅遊局HP：http://www.cnta.gov.cn）
（6） 確認できた校数が五校であり，外にも70年代に開校あるいは転換開設された学校がある可能性は残る。
（7） 『広州市旅遊学校成立三十周年紀念画冊』(2003年10月)。校長および副校長からの聞き取りは2009年9月16日。
（8） 省政府「関於解決発展旅遊事業有関問題的会議紀要」(1994)。省政府鄂教発(1996)18号文「関於加強旅遊業発展的決定」
（9） 技工学校は労働部門所管の中等職業学校で主に技能労働者の養成を行う。中等専業学校は教育部管轄の中等職業学校で技能労働者，中級技術者・管理者の養成を行う。
（10） 中等教育段階からの5年制「空中乗務」専攻（40名募集）もある。

引用・参考文献
中国共産党中央委員会（1985）「関於教育体制改革的決定」
丁妍（2001）「中国における中等職業教育の現状と問題点－その低迷の原因分析を中心として－」『アジア太平洋研究』22，73-97頁。
国務院（1999）「面向21世紀教育振興行動計画」
黄丹青（1996）「中国中等職業教育の拡大とその要因に関する一分析」『中国研究月報』50，25-32頁。
石川啓二（2005）「中国における職業教育制度の位置づけの変遷」『地域研究と現地理解－グローバル化時代の教育動向』東京学芸大学国際教育センター，37-55頁。
教育部・国家労働総局（1980）「関於中等教育構造改革的報告」
劉文君（2004）『中国の職業教育拡大政策－背景・実現過程・帰結』東信堂。
劉文君（2006）「後期中等職業教育の発展と高等教育政策－中国と日本の比較－」『東京大学大学院教育学研究科紀要』45，115-123頁。
陸素菊（1998）「中国の職業教育について（解説）」『職業と技術の教育学』11，71-76頁。
呉琦来（2005）「経済発展過程における中国の後期中等職業教育の発展－政策方針，労働需要および教育需要からの考察－」『中国研究月報』Vol.59，No.8（No.690），社団法人中国研究所，1-15頁。

生涯学力と学力政策
―― イギリスの学校における「拡張サービス (extended service)」の取り組み ――

佐藤 千津

キーワード：生涯学力，学力政策，拡張サービス，「21世紀の学校」，コミュニティ

1 はじめに

　2000年以降，PISA調査の結果として日本の子どもの学力や学習意欲の低下が指摘されると，「生きる力」の知的側面である「確かな学力」の向上のための積極的な取り組みが促されるようになった。「学力低下」問題は文部科学省が43年ぶりに実施を決めた全国学力・学習状況調査のきっかけにもなっている。「ゆとり教育」が見直されるとともに，「生きる力」の育成が一層重視され，知識の習得とそれらを活用する思考力等の関連が必要とされている。今や子どもの学力問題は一つの大きな社会的課題といってもよいだろう。

　現代は「変化」の時代といわれ，政治，経済，社会構造など様々な面で「変化」が生じており，また求められてもいる。社会変化に応じて学力の内実や教育の在り方も転換を迫られ，すでに転換しつつもある。その進むべき方向をどう見定めればよいのか。

　前田耕司 (2006) は「生涯学力」を「狭義の学校学力とは異なり (その一部は含まれるが)，生涯にわたって (自己もしくは地域の) 学習課題に取り組んでいく意欲もしくは自己学習に向かう力」と定義している。つまり，学習が，(1)学習者自身およびその生活圏という当事者にとってきわめて身近な生活世界と密接な関係を保持しながら，(2)生涯にわたって継続されることが肝要とされる。学

力をこのように定義することで，学力問題をより広い社会的文脈に据えて分析し，その問題構造を明らかにすることができるのではないか。本研究は学力を「生涯学力」形成の観点から捉えることで「学校学力」論議では捉えきれない問題系を明らかにしようとする試みである[1]。

「生涯学力」モデルは他の様々な学力モデルと重なる部分もあるが，短期的な総括的評価になじまない部分，つまり長期的なスパンにおいて評価すべき力や，結果のみを測定するテストでは評価が困難な力をも含む学力と捉える。このような生涯学力の形成には，学習者個人，家庭，学校，地域という様々な次元における多様な要因の有機的連関と作用が必要となるだろう。複合的かつ補完的な関係にある諸要因が互いに重なり合いながら，それぞれの役割において適切に機能することが必要となる。本稿では，生涯学力形成に影響する要因のうち，学校がその形成にどのように関わるのかという観点から，イギリスの事例，特にその学力政策と新しい教育システムづくりを取り上げてみたい。

2　イギリスの学力政策と「21世紀の学校」

学力低下問題が深刻化したイギリス[2]では，1997年以降，労働党政権下で基礎学力向上のための施策が展開され，教員の質的向上策も講じられてきた。それらは一定の成果をあげたとされているが，行き詰まりを見せてもいる。教員の質的向上策や子どもに対する基礎学力向上施策の展開にも拘らず，学力水準が向上しない社会的要因とそれを支える社会・政治構造の問題が背景にあるのではないか。そしてそのような要因が教育全体に変化を促していることに着目する必要があるのかも知れない。このことはまた「生涯学力」という観点からこの問題を検討する重要性を示唆しているのではないだろうか。つまり，イギリスの現実は，学力向上システムを伝統的な学校教育観に基づく教育制度の文脈で構築するだけでは，教育水準が向上するシステムづくりにはならないことを示しているのではないか。

近年の様々な学力調査の結果からいえることは，イギリスの場合には知識・

技術の習得や再生に重点を置くような国内統一試験やTIMSS調査では子どもたちの成績が向上し、学力向上施策も一定の成果をあげているが、知識の活用が求められるPISA調査の結果はより複雑だということである（DCSF, 2009c）。PISA調査では各分野の平均得点による国際比較で順位が大幅に下がっており、この点でイギリスの学力向上施策には課題が残る[3]。その背景にはイギリスに固有の社会的課題（成人のリテラシー問題や学力の地域間・社会階層間の差異）があるようだ。社会のなかで「格差」が生じる余地を残すことは、教育においても不利益を被る子どもを生じさせる可能性がある。社会・経済的不利益による学力低下という「不利益の連鎖」をどこかで断ち切る必要がある。そのため、近年は「ほとんど（most）」でなく「あらゆる（every）」子どもをターゲットにした政策が展開されている（DCSF, 2009c）。この考えは、グリーン・ペーパーとして2003年に公刊された『すべての子が重要である（Every Child Matters）』に示されていたが、教育や福祉を所管する子ども・学校・家庭省（Department for Children, Schools and Families）が2007年に公刊した『子どもたちの計画──より輝く未来を築く（The Children's Plan–Building brighter futures）』では、教育や福祉に関係する諸機関が連携を強化して子どもの学び・健康・幸福を阻害する要因の排除に取り組む総合計画が具体的に提案されている（DCSF, 2007c）。学校にはコミュニティの「ハブ（hub）」として機能する役割が期待され、新たな学校モデルである「21世紀の学校（The 21st Century School）」が構想されている（DCSF, 2008c）。

さらに、2009年6月公刊のホワイト・ペーパー『あなたの子ども、あなたの学校、私たちの未来──21世紀の学校システムの構築（Your Child, your schools, our future: building a 21st century schools system）』では教育システム改革の具体案が明らかにされた。それには社会の変化に対応した新たな教育システムの構築案が示されており、学校の教育効果の向上と、高いスキルと資格を持つ人材の育成がめざされている。具体的には、すべての子どもが18歳段階まで継続して教育や訓練を受けるシステムを構築し、その後の進路選択に有用な知識・スキル・資格を修得することで、個人的な自己実現だけではなく、イギ

リス社会全体の利益に供することが目標とされている (DCSF, 2009c)。このような教育システムの構築において中心的要件の一つとされるのが,「拡張サービス (extended service)」である。

　学校における拡張サービスとは,子どもや若者のためのソーシャル・サービスを学校教育と統合することで「継ぎ目のないサービス (seamless service)」の提供をめざすものである。つまり,子どもや若者に関わる公的サービスを学校という場でワンストップ (one stop) 的に提供し,その成長をトータルにサポートしようというのである。エド・ボールズ (Balls, E.) 子ども・学校・家庭大臣が「子ども一人ひとりに対応することで人種,階級,ジェンダーに関する積年の障壁を取り去ることができる」(DCSF, 2008c) と述べるように,子どもの個別ニーズに合わせた教育を提供することで「格差」の溝を埋めることが期待されている。

　拡張サービス施策のコアとなるサービスは,(1)チャイルドケア,(2)多様な活動の提供 (学習支援等),(3)地域住民への施設・設備の開放,(4)子どもが抱える問題の早期発見・対応,(5)保護者への支援 (家庭教育および保護者の責任に関する情報提供・啓発等) の5つである (DCSF, 2007b)。より具体的には,子どもを対象にした,(1)朝食クラブ,放課後クラブ,ホームワーク・クラブ,休日クラブ,遊び場の提供などや,(2)各種活動 (スポーツ,コンピュータ,美術,音楽,料理等)で,初等学校の場合は午前8時から午後6時まで週5日年48週にわたって開設される[4]。また,保護者など成人を対象とした内容には,(1)家族と子どもが共に学ぶための学習支援や生涯学習機会の提供,(2)保護者のための就学準備講座,(3)国・地方レベルの教育・福祉施策に関する情報・助言提供,(4)子どもの問題への対応に関する支援,(5)学校の施設・設備の利用などがあり,これらのサービスを学校の敷地内かその近くで提供する。拡張サービスを提供する学校は2009年の夏までにはイギリスの全学校の約3分の2に上り,2010年までにはすべての学校でコアとなるサービスが提供される見込みである。

　拡張サービスの提供にあたり,学校は少なくとも保護者,子ども,教職員,地方局 (local authority) に対してコンサルテーションを行い,家庭や地域のニ

ーズや，活用し得る資金・資源等に関する情報を把握しなければならない。この手続きによって子どもや保護者の関心や関与の程度を高める一方，当該の学校や地域に固有のニーズを正確に把握し，求められるサービスの内容と提供方法を特定していく（DES, 2005）。多様なニーズに対応するという本来の目的からすれば，サービス開始時のみならず，開始後の見直しにおいても，このプロセスが成否の鍵を握るのである。

　ところで，イギリスでは親の学校参加などのように保護者や地域住民が学校に入り，学校での教育活動を支える取り組みはこれまでにも広く存在した。しかし，拡張サービスが従来の学校参加や学校開放と異なるのは，学校外の関係者が，学校に「一時的に関わる」あるいは「一時的に参加する」のにとどまらず，「学校の一部」としてそのシステム上に主体的に位置づけられる点にある。したがって拡張サービスは学校教育に何かを単に付加するのではなく，学校改革の全体計画に不可欠な一要素として展開されるべきであり（DES, 2007），学校教育と連動しながら，それを下支えする必須要件の一つとして捉えられているために全学校での展開が急がれている。その意味では「学校の伝統的役割からの出立」（TES Magazine, 2009）という評言もあるように，学校観に変容をもたらす政策といえるもので，まさにこの点が「21世紀の学校」を形成する特色となっている。

　言い換えれば，拡張サービスの場合にも物理的には学校外の関係者が学校内に入ってサービスを提供するわけだが，原理的には学校に向かって「入っていく」「参加する」というより，学校からコミュニティの側に向かっていくイメージで捉えるべきかも知れない。ある保護者は次のように述べている。「［拡張サービスは］まさに学校をコミュニティのものにし，私たちを家族としてひとつにするものだ」（DCSF, 2009b：9）。学校に来る意志がないか，何らかの事情で来られない子どもや保護者にも働きかけ，子ども一人ひとりのニーズに合わせた教育や福祉を提供することで，すべての子どもの自己実現と社会参加をめざすというのである。労働党政権によるソーシャル・インクルージョン（social inclusion）の一環であるが，現代の産業・社会構造の変化に伴う教育観の転換

による改革でもある。さきに述べたホワイト・ペーパーでは，今後の社会構造変化を見据え，子どもの創造性（creativity）と適応性（adaptability）を育む新たな学力観に基づく教育のビジョンが，学力低下問題の改善の先に描かれている（DCSF, 2009c）。

また，当初，この政策は「拡張学校（extended school）」と称されていた。しかし，最近の政策文書などでは「拡張サービス（extended service）」と表現されることが多い。前述したように，イギリスでめざされているのは「21世紀の学校づくり」である。したがって，拡張サービスは，従来の伝統的な学校観による学校機能の単純な拡張・拡大ではなく，従来型の学校をその核として包摂しながら他の教育・福祉機能を併せ持つ新たな教育システムを築いていく政策と見るべきなのかも知れない。前述したように社会構造の変化に伴う学力観の変容がその背景に見られるからである。このシステムはまだ構築の途上にあり，その行方を見定めるのに時間が必要である。新たな教育システムの一つのモデルになり得るだろうが，転換期にあってはこれもまた通過点に過ぎず，別の在り方が模索される可能性もある。学びの構造を捉え直し，それを支える条件整備の必要性は今なお様々に議論されているところである[5]。

3　拡張サービスと学力向上

それでは，学力向上と拡張サービスは連動するのだろうか。その成果の評価や，教員にかかる労働負荷の問題について次に見ておきたい。

拡張サービスを子どもの学力向上に継続的かつ体系的に連動させるには組織間の連携やそれらをモニターする態勢が必要になる。イギリスでは拡張サービスを学校改革に統合する際，鍵を握るのが「学校改善パートナー（school improvement partner）」である。2006年教育・査察法（Education and Inspection Act 2006）により，地方局は，初等・中等学校に各学校担当の学校改善パートナー1名を配置しなければならない。学校改善パートナーは，拡張サービスも含め，子どもの成長に影響を及ぼす様々な要因を分析し，学校や地方局に対して改善

のための提案を行い，学校と地方局はもちろん，他の関係諸機関との連絡・調整をはかることで学校に対する支援を仲介する(DCSF, 2007a)。教員にさらなる負担を求めずに進めるには，学校改善パートナーのコーディネートが不可欠になるのだ。学校改革における拡張サービスの実効力を高めるために，学校改善パートナーは，(1)拡張サービスが学校の教育水準向上にどのように関連するのか，(2)学校による自己評価で特定された課題を拡張サービスによって解決できるか，(3)拡張サービスの計画・展開・評価を学校の改善計画にいかに統合するのか，といった観点から支援を行うのである(DES, 2007)。例えば，初等教育のキー・ステージ1（5-7歳）の子どものリーディングのスキルに課題がある場合の例として，表1のような取り組みが想定されている。

取り組みの具体例でみると，ロンドン南東部のルイシャム地区にあるタイドミル初等学校(Tidemill Primary School)の「IMPACT (Involving More Parents and Children Together)」と題された保護者と子どものお話づくりのワークショップが挙げられる。子どもの学校での学習内容・進度に合わせながら保護者が家庭で読み書きのサポートができるように指導するプログラムで，拡張サービスの「保護者への支援」にあたり，98％の保護者が参加している。わずか5週という短期間のプログラムではあるが，子どもの読み書き能力が著しく向上し，

表1　拡張サービスと学校改善計画のリンクの例

学校による自己評価	課題	学校改善計画	目標とする成果	評価
・キー・ステージ1におけるリーディングに弱点	・子どもの家庭での読書量 ・保護者による子どもへの支援の姿勢と水準 ・読書のための静かな場所の確保	・保護者および子どもの読書のための支援講座 ・就学前の子どもとその家族に対する支援プログラムを地域の図書館と共同開発	・キー・ステージ1の到達水準の向上	・当該プログラムに参加した保護者の子どものリーディングの到達度を追跡調査

(出所：DES (2007) *Extended services: supporting school improvement*, p. 8 の表 "Examples of links between extended services and school improvement priorities" をもとに筆者作成)

保護者への支援と子どもの学力向上の相関が認められた（DES, 2007）。学力向上に関する課題，つまり優先的に進めるべき学習事項を特定し，保護者の力を取り込みながら，子どもの学力向上をはかる。保護者に対しては学校や教育の今日的問題・課題を教示するとともに子どもに対する支援方法を助言する。それは保護者と子どもの関係にも好影響を及ぼす作用がある。その結果，教員，保護者，子どもの三者にそれぞれメリットが生じる。この総合的で相乗的な効果が拡張サービスを学校改革に連動させた時の大きな特徴となっている。

　改革が必要な学校に対しては改革を行い，同時によい実践を共有して，教育を質の高い，しかも均質なそれにする。さらに学校を拠点とする「教育クラスター」を形成し，そのネットワーク化によって，イギリス社会全体の学力水準を上げていくという仕組みで，不利益を被る学校や地域をなくしていくことがめざされている。ある初等学校の校長は「拡張サービスを展開することは，学力低下問題のみならず，学力低下の原因となる問題にも取り組むことである」と述べている（DCSF, 2007b：2）。

　それでは，実際に子どもの学力は向上しているのか。2005年から2006年の調査（DCSF, 2007b）によると，子どもの学力水準は，拡張サービスを提供する学校では，初等学校修了時の全国統一試験結果の平均値が0.5ポイント上昇したという[6]。ちなみに全国平均値は0.2ポイントにとどまっている。中等教育段階でも同様の成績向上が認められるという。

　このほか，子どもへの影響としては学校の出席率の改善，社会に対する意識の変化，保護者においては育児や家庭での教育についての意識・自信や自らの就職に対する意識の向上といったインパクトが拡張サービスの成果として報告されている（OFSTED, 2008）。

4　イギリスの学校づくりと生涯学力

　伝統的に学校以外の機関が担ってきた機能を「学校」という場に付与し，学校に付加的に価値や役割を与えることで，学校は新たなイメージで捉えられる

ことになる。コミュニティにおける教育・福祉拠点としての意味が大きくなり，それがポジティブに機能すれば学校への信頼が高まるという効果も期待できるのかも知れない。言うまでもなく，学校教育に固有の社会的役割や，子どもの各発達段階の特殊性とそれに基づく指導への配慮の重要性が否定されるわけではない。むしろ学校教育を支え得る様々な要因を再検討し，その充実のための新たな条件整備を行う試みといえよう。

　このような施策は学校という場に多様な人々が入り，働くことを促すことにもなる。拡張サービスとほぼ並行し，イギリスの学校では教員の労働負荷を軽減するために教職員構成が見直され，サポート・スタッフが大幅に増員されている。高野和子によると，例えば子どもや保護者と同じエスニック・マイノリティがサポート・スタッフとして学校に入ることで「学校と地域をかつてなく緊密に結びつけて教育活動を活性化させる契機・条件になる場合がある」(2009：137)という。このような実態は，学校と地域の関係を問い直し，学びのかたちを変えていく可能性を示唆している。拡張サービスは学校教育の水準向上だけでなく，コミュニティの教育水準をも同時に高めていくメカニズムを内在しており[7]，学校教育と生涯教育の連続性，あるいは生涯学習社会の実現を考える時に大きな現実的意味を持つだろう。

　イギリスの「21世紀の学校」づくりは，現代の社会的要請に適合するように学校観を問い直して新たな教育システムを構築しようとする試みである。「生涯学力」の観点からいえば，そこでの教育と学習が，(1)学習者自身の生活圏という身近な生活世界との関係を保持・深化させながら行われるという意味で，イギリスの新しい学校づくりは生涯学力形成の礎を学習者の生活世界において築き直す可能性を秘めており，またそのことによって，(2)学習を生涯にわたって継続するための道筋を学習者本人が描くのを助けることにもつながるだろう。

　変化の流れが速い時代にあっては，すべての人々が生涯にわたって学び続ける力とその学習機会が人々の生活基盤であるそれぞれのコミュニティにおいて必要となる（日本社会教育学会，2009）。学びをコミュニティにおいて回復し，そのなかで広がりを持たせていくことが求められている。2010年5月頃と予想

されている総選挙の結果によっては，拡張サービス施策にも変更が加えられる可能性があるが，社会変化に対応した教育観の転換とそのための条件づくりの一例として今後の展開が注目されよう。

注
（1） 本研究「生涯学力形成のメカニズムに関する比較研究」は，2008年度より科学研究費補助金（基盤研究B）（課題番号：20402056，研究代表者：佐藤千津）の交付を受け，6名で実施している3年計画の共同研究である。第20回日本国際教育学会研究大会では，イギリス，ロシア，日本の学力問題に関する研究成果の一部を中間報告として発表した。
（2） 本稿では主にイングランドを対象とする。
（3） イギリスの学力問題の一端は次の稿に記した。佐藤千津（2009）「イギリスにおける学力政策と教師教育改革－教師の専門性規定要因としての学力モデル」『日本学習社会学会年報』第5号，26-30頁。
（4） 子どもや保護者などのニーズによる。
（5） この点に関し，次の文献が参考になる。佐貫浩（2009）『学力と新自由主義－「自己責任」から「共に生きる」学力へ』大月書店。
（6） 初期のフル・サービスの拡張学校（full-service extended school）が調査対象である。
（7） 「拡張サービス」政策のコミュニティへのインパクトについては次の論考に詳しい。林嵜和彦（2007）「英国の拡張学校－コミュニティサービスと学校教育の統合政策」高田一宏編著『コミュニティ教育学への招待』解放出版社，189-206頁。

引用・参考文献
DCSF（Department for Children, Schools and Families）（2007a）*A New Relationship with Schools－The School Improvement Partner's Brief, edition 3.*
DCSF（2007b）*Extended schools－Building on experience.*
DCSF（2007c）*The Children's Plan－Building brighter futures.*
DCSF（2008a）*Extended services－extra support for you and your children.*
DCSF（2008b）*The Children's Plan－One Year On.*
DCSF（2008c）"The 21st Century School: A transformation in Education", Press Notice, 8 December 2008.
DCSF（2009a）*Extended Schools Survey of Schools, Pupils and Parents－A Quantitative Study of Perceptions and Usage of Extended Services in Schools.*
DCSF（2009b）*The essential guide to out of school hours and holiday activities for you and your family: 11-16 years.*
DCSF（2009c）*Your child, your schools, our future: building a 21st century schools sys-*

tem.

DCSF（2009d）*Your child, your schools, our future: building a 21st century schools system, a guide for parents and carers.*

DES（Department for Education and Skills）*Extended schools: Access to opportunities and services for all, A prospectus.*

DES（2007）*Extended services: supporting school improvement.*

ドミニク・S・ライチェン，ローラ・H・サルガニク編著／立田慶裕監訳（2006）『キー・コンピテンシー―国際標準の学力をめざして』明石書店．

前田耕司（2006）「『学校』学力から『生涯』学力へ―生涯教育の視点から考える―」東京都墨田区小学校PTA合同研究大会招待講演資料（於墨田区曳船文化センター），2006年7月10日。次の論考も参照した。前田耕司（2009）「学習社会における『生涯学力』形成の課題」『日本学習社会学会年報』第5号，45-46頁。

日本社会教育学会編（2009）『学びあうコミュニティを培う―社会教育が提案する新しい専門職像』東洋館出版社．

OFSTED（2008）*How well are they doing?― The impact of children's centres and extended schools.*

高野和子（2009）「日―英を照らし合わせて考える教師教育の現在」『教師教育研究』第1号，早稲田大学教師教育研究所2008年度紀要，131-140頁．

TDA（2009）*Extended services: a toolkit for governors 2009-10.*

TDA/Innovation Unit（2009）*Creating Communities for Learning.*

TES（Times Educational Supplement）(2008) "Teachers with 2020 vision", 4 April 2008.

TES Magazine（2009）"Masterclass―Working with partners―Help comes from all sides", 7 August 2009.

学力政策と「普遍的学習行為」の形成
── ロシアの場合──

岩﨑 正吾

キーワード：普遍的学習行為，コンピテンシー・アプローチ，国際学力テスト，システム活動アプローチ，ア・ゲ・アスモロフ

1 はじめに

　OECD による PISA 調査は，各国の学校カリキュラムに共通する知識・技能というよりも，むしろ将来の生活において重要だと考えられる応用的な知識・技能や理解を重視し，カリキュラム横断的に発達する広範な能力を測定するという特徴をもっている (OECD, 2004: 7-8)。それゆえ，各国政府のイニシアチブにより着手され，教育政策の利用に供するために作成されたという PISA 事業そのもの成り立ちとも相俟って，これまで伝統的なテスト体制に慣れ親しんできた日本をはじめとする各国に大きな関心や「衝撃」を呼んでいる。その背後にある考え方はコンピテンシー・アプローチである。

　コンピテンシー・アプローチとは，「これまでの知識や技能の習得に絞った能力観には限界があり，むしろ学習の意欲や関心から行動や行為に至るまでの広く深い能力観，コンピテンシー（人の根源的な特性）に基礎づけられた学習の力」（ドミニク・S. ライチェン他，2006: 8-9）こそが必要であるとし，認知的要素だけではなく，態度や動機づけ，価値といった非認知的要素をも包括する考え方を採用している（ドミニク・S. ライチェン他，2006: 27）。また，学校外環境における活用能力や自己自身の選択及び意志決定を評価する能力は，生涯を通じて学習

を継続することのできる能力を反映したものであり，このような能力は生涯を通じて，学校だけでなく家庭や職場，地域を含めた日常生活世界の中で継続的に獲得されるという生涯学習モデルに基づいて構想されている（OECD, 2004: 3）。このような考え方は，「生涯にわたって自己学習に向かう力を育成する」という生涯学力形成の視点から見てきわめて重要である。

　ロシアでは国際学力調査（PISA2000, PISA2003, PISA2006 等）の結果を受け，こうした能力を「積極的・発展的」に捉えるとともに，ソ連時代からの経験を「再構造化」して，「普遍的学習行為」としてプログラム化しつつある。2010 年 9 月（当初 2009 年 9 月とされていた）から，先ずは初等教育から段階的に（初等教育での全面実施は 2011 年 9 月から）施行されることになっている新たな連邦国家教育スタンダードでは，「普遍的学習行為形成プログラム」を提示して，このような能力を各教科や必修の教科横断的な「課外活動」の中で育成することになった。「普遍的学習行為」（универсальные учебные действия）とは，「広義には学ぶ能力，即ち，新しい社会的経験の意識的及び能動的獲得への主体の能力を意味し，狭義には新しい知識の自主的獲得とこの過程の組織を含む技能の形成を保証する生徒の行為方法（また，それらと関連した学習活動の習熟）の総体」（Асмолов, 2008: 27）のことである。この普遍的学習行為は，知識・技能・習熟と並んで普通教育内容の 2 大部門の一つとして位置づけられ，その形成が目的意識的に追求されることになった。

　本論文では，ロシアにおける学力政策の特徴を教育改革の動向と関連づけて検討した上で，普遍的学習行為の形成に焦点をあて，その内実に迫ることにより，日本における「活用能力」（思考力，判断力，表現力）や主体的に学習に取り組む態度の育成に役立てるとともに，生涯学力形成への示唆を得ることを目的とする。

2　教育改革の動向と学力政策の特徴

　ロシアにおける教育改革の動向は，エリツィン時代のガバナンスなき分権化

から一定の集権化への舵切りとソ連邦解体以降進められてきた市場化・グローバル化への対応とを反映したものである。それは一方では，民族文化や母語教育の尊重と連邦国家としての共通文化・アイデンティティの形成とを調整しつつ，如何にして統一教育空間の形成を図るかという課題として現れ，他方では，市場化の進展とその要求に対応する高等教育や職業教育の改革及び教育の質の向上を目指した初等中等教育改革として現れている。具体的には，ボローニャ・プロセスやコペンハーゲン・プロセスへの加入，教育制度・教科書制度改革，国家教育スタンダードの改訂，教育の質管理を実現するための統一国家試験（ЕГЭ）の導入，国際学力調査の積極的活用等である。ここでは，ロシアの学力政策の特徴を統一国家試験の役割と新旧の国家教育スタンダードの検討から明らかにする。

ロシアおける統一国家試験は，5つの連邦構成主体で実験的に導入された2001年から始まり，年を追うごとに参加地域が拡大し，2008年には全ての連邦構成主体で実施されるまでになった。この経過を踏まえて，2009年からは全ての学校で義務づけられ，中等教育修了試験の唯一の形態となると共に，大学入学試験の機能を果たすことになった。

統一国家試験導入の目的は，①同一タイプの問題と全ての生徒の養成レベルの比較を可能にする統一評価尺度の利用による中等教育修了試験と大学入学試験の平等な条件の保証，②コンピュータを用いた成績の点検による卒業試験の評価の客観化，③学校と生徒の評価の客観化及び学習と教育の質の向上，④一本化による受験者の負担軽減，⑤地方出身者の高等教育機会の拡大などとされている（岩﨑，2009: 6）。

しかし，これらの目的の背後にある真のねらいは，全ロシアにおける教育の質評価システムをつくることにあった（Ковалева，2007: 6）。このシステムにより，ロシアにおける教育空間の統一性を担保し，教育の質の向上と教育制度発展の問題に関する根拠のある行政決定を採択することが可能であると判断された。従って，統一国家試験と並んで TIMS や PISA などの国際学力調査を積極的に活用することが意識的に追求された。統一国家試験の問題は，4つの選択肢か

ら正解を選ぶAタイプ，簡単な言葉や数字を記入するBタイプ，自由に記述し結論を引き出すCタイプに分かれ，Cタイプの問題は，論理力や応用力を試す問題で，PISA型学力を意識して作成されている。また，全問題に占めるCタイプの問題は，年々増加している。

他方で，国家教育スタンダードの改訂により，知識・技能・習熟の伝統的な教授から「学ぶ能力」「活用能力」の育成を重視する改革が進められている。2004年の国家教育スタンダードは，その方向へ大きく踏み込んだ改訂が行われた。当該スタンダードは，「スタンダードの中で特別な位置にあるのが，活動的，実践的な内容であり，具体的な活動方法や獲得した知識と能力を現実の生活状況に適用することである」(Весник Образования России 12, 2004: 29) と述べ，初等中等教育段階における「一般的な学習能力，習熟及び活動方法」(общие учебные умения, навыки и способы деятельности) の項目を特記し，生徒が普通教育内容を習得した結果として形成されなければならない能力を「認識活動」「情報・コミュニケーション活動」「反省的活動」に分けて詳述している (Весник Образования России 12, 2004: 30-31)。

しかしながら，当該スタンダードには，従来の伝統的な教育方法に代わる，こうした能力の育成に関する「新しい教授法」が示されておらず，各教科や課外活動との連関も不明であった。そこで，2007年に第2世代のスタンダードの改訂が決定され，2008年から2009年にかけて各分野でそのための改訂作業が進められた。2009年にスタンダードのコンクールが実施され，ロシア連邦教育アカデミー，教育政策問題研究所グループ〈エヴリカ〉及びスヴェルドロフスク州「資格向上研究所・地域教育発展研究所」の3機関が応募したが，結局，教育アカデミーのスタンダード案が採用されることとなった。

〈エヴリカ〉案は，初等教育5年制の導入を提案し，週5日制と6日制を選択とし，6日制の場合は土曜日に補充教育プログラムを実施すること，必修部分を80％，選択部分を20％としている。全体的には，個人の必要と要求に焦点化された「教育の成果」が強調されている。また，「資格向上研究所・地域教育発展研究所」案は，初等教育5年制の導入を提案している点では〈エヴリ

カ〉案と同様であるが，授業60％，課外活動30％，社会的有用活動に10％を配分するように提案している（Концепция, 2009: 1-2）。

　これに対して，教育アカデミー案では，個人と社会と国家の要求を反映した「教育の成果」が強調されている。週5日制と週6日制を選択とし，民族学校では週6日制を提案，授業の他に必修の課外活動を週10時間実施するとしている。教育アカデミー案の大きな特徴は，知識・技能・習熟と並ぶ普通教育内容の2大部門の一つとして，既述の「普遍的学習行為」を位置づけ，その体系的習得が目的意識的に追求されていることである（Концепция, 2009: 3）。普遍的学習行為は様々な教科及び課外活動ないしプロジェクト活動の中で習得される。

3　キー・コンピテンシーと普遍的学習行為

　コンピテンシーとは，幅の広い総合的な精神的能力であり，社会に生きる人間にとって要請される学力とは何かという観点からその構造が提示されている。人生の目標は，個人の側からは「うまくいく生活」，社会の側からは「よく機能する社会」であり，汎用能力としてのキー・コンピテンシーがそれらの実現を担うものとして位置づけられている。即ち，「相互作用的に道具を用いる」，「異質な集団で交流する」，「自律的に活動する」である（ドミニク・S. ライチェン他, 2006: 202）。

　これに対して，普遍的学習行為は，「個人（人格）にかかわる普遍的行為」，「調整的普遍的行為（自己調整行為を含む）」，「認識的普遍的行為」及び「コミュニケーション行為」の4つに分けられている。図1と図2（Материалы для обсуждения, 2008: 52）はそれぞれの概念図である。キー・コンピテンシーの内容と普遍的学習行為の内容を比較したものが及び表1，表2，表3（ドミニク・S. ライチェン他, 2006：210-218 及び Асмолов, 2008: 28-31 から作成）である。表4は，普遍的学習行為に独自の「調整的普遍的行為」の内容を示しおり，それぞれの他の普遍的行為にとっても必要なものとされている。

　キー・コンピテンシーも普遍的学習行為も表現と内容はそれぞれ異なる部分

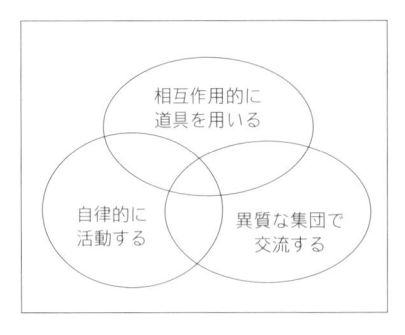

図1　キー・コンピテンシーの概念図

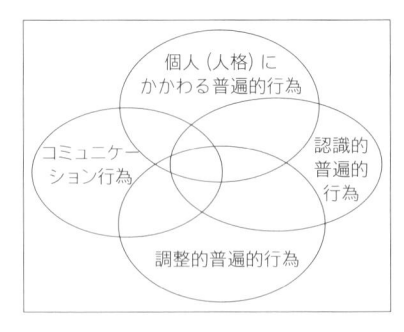

図2　普遍的学習行為の概念図

表1　「相互作用的に道具を用いる」と「認識的普遍的行為」

キー・コンピテンシー		普遍的学習行為	
カテゴリー	コンピテンシーの内容（理由）	カテゴリー	普遍的学習行為の内容
相互作用的に道具を用いる	①言語，シンボル，テクストを相互作用的に用いる（最新の技術に遅れない）②知識や情報を相互作用的に用いる（自分の目的に道具を適用する）③技術を相互作用的に用いる（世界と積極的に交流する）	認識的普遍的行為	〈一般学習的行為〉①認識目的の自主的明確化と定式化。②必要情報の探索と取り出し。③知識の構成化。④口頭及び筆記形態での言語的言説の意識的及び自由な編成。⑤解決方法の選択。⑥行為の方法と条件の反省，活動プロセスと結果のコントロールと評価。⑦様々なジャンルのテキストからの必要情報の取り出し。⑧活動アルゴリズムの自主的作成。⑨モデル化。⑩一般的規則を見出すためのモデルの改造。〈論理的行為〉①対象の分析。②総合：部分から全体の構成。③対象の比較，系列化，分類のための土台と基準の選択。④概念への当てはめと結果の導出。⑤原因一結果関係の確立。⑥推理の論理的連鎖の構築。⑦証明。⑧仮説の提起とその基礎づけ。〈問題の提起と解決〉①問題の形成，②創造的及び探求的性格の問題解決方法の自主的創作。

表2 「異質な集団で交流する」と「コミュニケーション行為」

キー・コンピテンシー		普遍的学習行為	
カテゴリー	コンピテンシーの内容（理由）	カテゴリー	普遍的学習行為の内容
異質な集団で交流する	①他人といい関係を作る（多元社会の多様性に対応する）②協力する，チームで働く（思いやりの大切さ）③争いを処理し，解決する（社会的資本の重要性）	コミュニケーション行為	①他の人々やパートナーの立場を考慮する②耳を傾け，対話し，仲間とグループを形成し，同級生や大人と実りある協力を行う③葛藤問題を明らかにし解決方法を探し，評価し解決策の採用と解決④パートナーの行為のコントロール，修正，評価⑤自分の考えを充分な完全さと正確さで表現する。母語の文法的及び意味的規範に応じた言葉のモノローグ形態と対話形態の習得

表3 「自律的に活動する」と「個人（人格）にかかわる普遍的行為」

キー・コンピテンシー		普遍的学習行為	
カテゴリー	コンピテンシーの内容（理由）	カテゴリー	普遍的学習行為の内容
自律的に活動する	①大きな展望の中で活動する（複雑な世界でアイデンティティを保ち，目標を設定する）②人生設計や個人的計画を作り，実行する（権利を行使し，責任を取る）③権利，利害，限界，ニーズを表明する（環境とその機能を理解する）	個人（人格）にかかわる普遍的行為	①個人，職業，生活（人生）上の自己決定②学習活動，その動機及び学習成果との間の関係における意味形成③道徳的・倫理的方向判定，その中には，社会的及び個人的価値から出発する修得すべき内容が含まれ，個人の道徳的選択を保証する。

もあるが，重なる部分も多いことが確認される。「調整的普遍的行為」はロシア独自のものとして抽出されている。

DeSeCo計画で述べられているように，ペーパーテストで測られる学力とは，3つのキー・コンピテンシーのうち測定可能なものとして取り出されたもの（リ

表4　調整的普遍的行為

調整的普遍的行為	
①目的設定	習事項と未習事項との相互関係に基づく学習課題の設定
②計画	最終結果を考慮した中間的目的の順次的規定，計画と行為の一貫性の組織
③予測	結果と知識の習得水準，その一次的特徴づけの先取り
④コントロール	基準からの逸脱や差異を見出すために，行為方法やその結果と課されるべき基準との照合
⑤修正	基準，実際の行為及び結果が一致しない時，計画と行為方法に必要な補足や修正
⑥評価	既習得事項と必要な未習事項との生徒による明確化と意識化，習得の質と水準の意識化
⑦自己反省	力やエネルギーの動員，意志の努力（動機的葛藤状況における選択），障害克服の方法

テラシー）である。それは「言語，シンボル，テクストを相互作用的に用いる」（読解リテラシー，数学的リテラシー）と「知識や情報を相互作用的に用いる」（科学的リテラシー）を意味するに過ぎず，育成すべき必要な能力はそれだけではない。生涯学力形成という観点からすれば，むしろ，その他の能力こそ重要である。また，統一国家試験と国際学力テストなどを利用して構想される「全ロシア教育の質評価システム」は，新しい連邦国家教育スタンダードにおける普遍的学習行為の諸能力のうち「認識的普遍的行為」のみを評価することにならないのかどうかが問われよう。即ち，ペーパーテストで測られる学力のみが教育の質評価の中心的な内容となっているとすれば，いわゆる「成果主義教育」のロシア版であると批判されることにもなろう。

4　普遍的学習行為の形成課題と評価基準──おわりに代えて──

普遍的学習行為の発展は，生徒の個人的及び認識的領域の規準的・年齢的発達の枠内で実現される。個々の教科の教授（＝学習）過程における具体的な学習活動の内容と特徴は，普遍的学習行為の最近接発達領域と特質を規定する。従って，生徒の普遍的学習行為の形成の評価規準は，①年齢的・心理的にみた規

準的要求に合致すること，②普遍的行為の特質が少し早めに設定された要求に合致することである（Асмолов, 2008: 31）。

　普遍的学習行為の発生と発展は，他の種類の学習活動との関係及び年齢的発達の一般的論理によって規定される。個人（人格）にかかわる行為，認識的行為及び調整的行為は，コミュニケーションの発達や子どもと教師・身近な大人（父母等）又は同年齢の者との交流の発展によって規定されるので，Л. С. ヴィゴツキーが示すように交流がそれ以前の個体発生における精神的活動形態の分化と発達の基礎となる（Асмолов, 2008: 32）。自己の活動を調整する子どもの能力は，交流や共同制約から育つのであり，自己や自己の可能性に関する観念は，周囲の者，とりわけ，身近な大人の評価から形成され，自己決定の結果としての自己評価や「私－観念」が現れる。こうした立場に立って，普遍的学習行為の形成課題（診断課題）が構想され，具現化される。

　普遍的学習行為の発達概念は，システム活動アプローチ（системно-деятельностный подход）（Л. С. ヴィゴツキー，А. Н. レオンチェフ，П. Я. ガリペリン，Д. Б. エリコニン，В. В. ダヴィドフなど）に基づき，А. Г. アスモロフの指導の下に，Г. В. ブールメンスカヤ，И. А. ヴォロダルスカヤ，О. А. カラバノワ，Н. Г. サルミナ，С. В. モルチャノフによって開発されている。その基本的立場は，「知識は既成の形態で伝達されるのではなく，認識的，調査的活動の過程において生徒自身によって構成される」（Асмолов, 2008: 4）とする社会的構成主義である。アスモロフは，「このアプローチに基づいて創造された普遍的学習行為の発達概念は，……知識，技能，習熟，個人のコンビテンシーの獲得，世界認識，教授（＝学習），協働，自己教育，自己発達への能力とレディネスの獲得のための大きな可能性を生徒に保証する」と述べている。果たして意図される成果が得られるのかどうかが注目されよう。

引用・参考文献

　Асмолова, А. Г., (2008) Как проектировать универсальные учебные действия в начальной школе, Москва《Просвещение》.

　"Весник Обращования России 12", (2004) Федеральный компонент

государственного стандарта общего образования, ,《Про-Пресс》, июнь.
岩﨑正吾（2009）「ロシアにおける学力形成への取り組みと課題」『人文学報№.411』首都大学東京都市教養学部人文・社会系.

Ковалева, Г. С., (2007) "Основные подходы к разработке концепции общероссийской системы оценки качества образования". Москва.

Концепция, Федеральный государственный стандарт, (2009) В школу вощвращается суббота.

Материалы для обсуждения (2008) Программа развития универсальных учебных действий для предшкольного и начального общего образования, Минобрнаука.

OECD (2004) The PISA 2003 Assessment Framewor－Mathematics, Reading and Problem Solving Knowledge and Skills.

Портал информационной поддержки единого государственного экзамена : Что такое единый государственный экзамен (ЕГЭ)? (http://www1. ege.edu.ru/content/view/2/6/, 2008/7/6).

ライチェン，ドミニク・S., ローラ・H. サルガニク編著／立田慶裕監訳 (2006)『キー・コンピテンシー―国際標準の学力を目ざして―』明石書店.

生涯学力形成と学校教育
―― 日本の場合 ――

大迫 章史

キーワード：生涯学力，ひろしま型カリキュラム，活用型学力，言語・数理運用科，構造改革特区

はじめに

　本稿は，生涯学力形成のあり方を，広島市における取り組みを事例として，学校教育との関係から明らかにすることを目的としている。

　臨時教育審議会は1985（昭和60）年から1987（昭和62）年にかけて4回の答申を出し，そこで学校教育への偏重傾向を改めるための「生涯学習体系への移行」が提言されて後，日本では生涯学習社会の構築のための取り組みが行われてきた。これまでの生涯学習施策は学習機会の提供が重視されがちであったが，1999（平成11）年の生涯学習審議会答申では，生涯学習施策もまた「社会参加型や問題解決型の学習あるいは学習成果の活用を見込んだ内容のものなど，学習者に活動のために必要な力を養う学習へと重点を移行させるべき」ことが提言された[1]。生涯学習のあり方が「学習者に活動のために必要な力を養う学習」へとシフトしていくべきことが述べられている。

　本稿で述べる生涯学力について，前田耕司は「生涯学力」を「狭義の『学校学力』とは異なり，生涯にわたって学習課題に取り組んでいく意欲もしくは自己学習に向かう力」と定義している[2]。生涯学力は，生涯学習社会で人間が生涯にわたり学び続けることのできる学力を指している。これを学校教育との

関係でみた場合，学びへの意欲を含めた学校教育で生涯学力をいかなる形で児童・生徒に形成するかが課題となろう。

生涯学力と学校教育の関係をみる上で，現代日本の児童生徒の学力の現状を先行研究により整理しておく。佐藤学は，近年の日本における学力低下を中心とする学力論議・政策・対策では，学力は低下したのかなどの基本的な疑問に対する答えは出されていないにもかかわらず，この論議がエスカレートした要因は「教育システム全般が第二次世界大戦後最大の転換期」にあることを指摘し，とくに産業主義社会からポスト産業主義社会への社会構造の一大転換期において，ポスト産業主義社会で求められる学力に対して確定した理解がないと述べている[3]。この点，他の先進諸国が知識と学びの質の高度化を目指す「質」の向上のための「量」の削減（教育内容削減）を行ったのに対し，日本の「教育内容3割削減」(2002 (平成14) 年改訂の小学校・中学校学習指導要領等) は知識水準の低下を求めた「量」の削減であったと，その相違点を指摘する[4]。

また，佐藤は知識の詰め込み教育，あるいは受験競争に象徴される「東南アジア型教育」は産業主義社会では一定の有効性を有するが，すでに現代の日本社会では破綻し通用しなくなったと述べる[5]。そして，これが「子どもたちの教科嫌いや学習時間の減少という『学びからの逃走』」という形で学力問題にあらわれていたとする[6]。

市川伸一は，学力を①知識・技能としての学力，②文章読解力，論述力，批判的思考力，問題追求力としての学力，③学ぶ力としての学力に区別し，③の学力の重要性を主張するが，生涯学力を考えていく場合も②と③が重要な位置を占めることになろう[7]。また市川は，近年の学力論争では「子供たちの学習意欲の低下が大きな問題であることは，立場を問わず，ほとんどの論者の意見が一致している」とし，学習意欲を高める方策の一つは「『知識を生かして探究する活動を導入する』ということではないだろうか」と提案している[8]。

学力に関する近年の文教政策を確認しておく。1996 (平成8) 年の中央教育審議会答申「21世紀を展望した教育の在り方について」で，子どもたちが身につけるべき力として「生涯学習社会を見据えつつ，学校ですべての教育を完結

するという考え方を採らずに，自ら学び，自ら考える力などの［生きる力］という生涯学習の基礎的な資質の育成を重視する」ことが示された[9]。「生きる力」とは「いかに社会が変化しようと，自分で課題を見つけ，自ら学び，自ら考え，主体的に判断し，行動し，よりよく問題を解決する資質や能力であり，また，自らを律しつつ，他人とともに協調し，他人を思いやる心や感動する心など，豊かな人間性」を指している[10]。こうした動きは，その後も踏襲され，1998（平成10）年に出された教育課程審議会答申[11]では「総合的な学習の時間」の創設とこれに伴う学習指導要領改訂の動きとしてあらわれた。また2008（平成20）年に改訂された『小学校学習指導要領』では「基礎的・基本的な知識及び技能を確実に習得させ，これらを活用して課題を解決するために必要な思考力，判断力，表現力その他の能力をはぐくむとともに，主体的に学習に取り組む態度を養い，個性を生かす教育の充実に努めなければならない」とされた[12]。

　上でみたような児童生徒の学力をめぐる現状をふまえると，日本における学力観の転換が求められており，新たな学力観の一つとして「生涯学力」をあげることができる[13]。「生涯学力」を学校教育で児童生徒に育成すべき学力との関係で考えるとき，学びへの意欲と学んだことを自らの生活で活せる活用型学力の形成としてあらわれてくる。

　そこで，本稿では学びへの意欲あるいは活用型学力を中心とした「生涯学力」形成のあり方を，構造改革特区を活用しながら新たな義務教育の創造へ向けて，「言語・数理運用科」という新たな教科を設定する形で「ひろしま型カリキュラム」を開発し，児童生徒の学力形成を目指している広島市における取り組みを事例として検討する。

1　広島市における児童生徒の課題と学力向上施策

　広島市は，2005（平成17）年5月，広島市の児童生徒の学力向上，とくに基礎基本定着のための具体的方策と小学校・中学校9年間を通した学習プログラ

ムを検討するために「基礎・基本の力の定着に係る学校教育のあり方検討委員会」(以下「検討委員会」と略記)を設置した。そして,検討委員会は2005(平成17)年5月から2006(平成18)年3月の間に7回の会議を実施し,2006(平成18)年4月に『最終報告』を提出している。

検討委員会は『最終報告』のなかで,広島市の児童生徒の学力向上を目指して「ひろしま型カリキュラム」開発への提言をおこなっている[14]。そこで,本節では『最終報告』に基づきながら,検討委員会が提言した「ひろしま型カリキュラム」の特徴を確認する。なお『最終報告』は2006(平成18)年4月19日に開催された広島市教育委員会会議で報告がおこなわれている[15]。

『最終報告』では各委員から出された意見を総括する形で広島市の小・中学校の児童生徒の学力の現状を「思考力・判断力・表現力が十分に身に付いていない」ととらえている[16]。これを受け,広島市の義務教育における当面の課題を「基礎・基本の力,とりわけ言語や数理に係る思考力・判断力,表現力を着実に身に付けさせることが重要であると考え,『基礎・基本の力(言語運用能力・数理運用能力)の確実な定着』」においたことが述べられている[17]。

検討委員会は「基礎・基本の力」を「言語運用能力」と「数理運用能力」ととらえ,「言語運用能力」とは「そのときどきの状況において,相手の考えや思いなどをことばによって的確に理解する力,また自分の考えや思いなどをことばによって相手に適切に表現する力」を,また「数理運用能力」とは「日常生活の中の様々な事柄や課題を,数量を計算したり,図形を活用したりすることなどによって,考え,解決する力」を指すとしている[18]。

上記のような広島市の児童生徒が抱える学力の課題を解決するため,検討委員会は構造改革特別区域申請も視野に入れつつ,(1)「小学校と中学校との連携・接続の改善」,(2)「教科の新設」,(3)「小学校への英語科の導入」という広島市の教育方策の新たな3つの具体的な方向性を含んだ広島市独自の教育課程「ひろしま型カリキュラム」を提言した[19]。(1)については,2005(平成17)年10月の中央教育審議会答申「新しい時代の義務教育を創造する」で,学校の教科の好き嫌いなどの点で「中学校1年生時点のほかに,小学校5年生時点で

変化が見られ，小学校4～5年生の段階で発達上の段差がある」という小学校と中学校の接続の問題点の指摘を受け，広島市では従来の義務教育区分を崩し，「小学校1年生から小学校4年生までの前期4年間と，小学校5年生から中学校3年生までの後期5年間とする」4・5制を導入することとした[20]。そして，前期4年間の目標は「学びの基盤づくりと基礎の徹底」に，後期5年間の目標は「思考力・判断力・表現力の向上と発展」におくとしている。

(2)について，検討委員会では「言語・数理運用科」の教科を新設し，言語や数理に関する知識，技能を実生活の様々な場面で活用する問題解決的な学習の重視を提言した[21]。「言語・数理運用科」では，①PISA（OECD生徒の学習到達度調査）で示されているキー・コンピテンシーの育成を踏まえつつ，言語運用能力，数理運用能力の向上のために身に付けさせるべき力や学習内容を体系的に整理し，学習指導計画を策定すること，②学習内容や教材等については各学校に任せず，教育委員会を中心に検討し作成することが示された[22]。

「言語・数理運用科」は小学校5年生から中学校3年生までの後期5年間に配当され，その指導法は小学校で学級担任，中学校で国語・数学の教科担任を基本としながら，地域人材の活用，ティームティーチングの導入など指導体制のあり方も研究を進めていくとある[23]。また，授業時間数との関係から新教科である「言語・数理運用科」は本教科のねらいのみならず総合的な学習の時間のねらいも同時に達成することが求められている[24]。

また「言語・数理運用科」とは別に，(3)の小学校における「英語科」の導入への提言もおこなわれた。国際理解を目的として総合的な学習の時間に取り組みがおこなわれてきたこれまでの英語活動とは異なり，より体系的，専門的な学習を可能とするための英語科の導入を，検討委員会は提言している[25]。このため，「英語科」では幅広い視点から，小・中学校の接続を見据えた系統的な学習指導計画や教材等の開発が求められている[26]。なお，「英語科」は小学校5年生から導入されるが，これは母語としての日本語の言語能力が完成し，論理的な学習が可能となるためとの認識である[27]。

2 「ひろしま型義務教育創造特区」の申請

　前節でみた検討委員会の『最終報告』で述べられていたように，「ひろしま型カリキュラム」の具体化は，国の総合規制改革会議の推進する構造改革特区事業の一環として実施することが想定されていた。これに基づき，広島市は「ひろしま型義務教育創造特区」事業を申請している。そこで，本節では広島市が総合規制改革会議に提出した「構造改革特別区域計画」(以下，「特区計画」と略)に基づきながら，「言語・数理運用科」に着目して，本事業の性格を確認していく。

　本事業は，特区計画によれば，広島市の特性と大きく結びつけて展開されている。特区計画の「構造改革特別区域の特性」には，広島市は世界最初の被爆都市であり，平和記念都市建設法に基づき，国際平和文化都市の建設を進めており，「本市は，歴史に学びつつ，これまでの平和への取組をもとに，人類の平和と繁栄のためにできる限りの貢献をしていかなければならない」とある[28]。このような認識に立ち，「広島の子どもたちに『ヒロシマを受け継ぎ，地球的視野で考え，相互の基本的人権を尊重し，よりよい人間社会の創造のために貢献し，国際社会に通用する社会人となるとともに，地域で平和のために汗の流せる人になってほしい』という願い」を込め，「広島の新しい教育」を展開することが述べられている[29]。「ひろしま型カリキュラム」創設の経緯もこのような広島市のあり方から大きく影響を受けている。

　特区計画の「構造改革特別区域計画の意義」では，これまでの広島の知名度や取り組みを活用し，平和をつくりだす世界都市として「人・もの・情報の交流を支える都市機能や都市基盤を備えた世界に開かれた都市づくり」をおこなっていくための人材育成が重要であり，その基盤が義務教育にあることを指摘する[30]。

　広島市における児童生徒の学力の現状と課題について，「基礎・基本定着状況調査」の2002(平成14)〜2005(平成17)年までの結果を分析すると，基礎的な知識や技能に関する設問は正答率が向上しているものの，思考力・判断力・

表現力に関する設問には同等の向上がみられなかったとし，これは広島市の児童生徒たちに限らず，日本の児童生徒たちの PISA における結果にもみることができると，特区計画では指摘されている(31)。

「言語・数理運用科」等における学習指導計画は，「学識経験者や学校関係者等を構成員とする『学習指導計画策定会議』」を「言語・数理運用科」等それぞれの教科について設置し，本会議では「義務教育の9年間を見通し，小学校と中学校との連携と接続を意識して各学年での到達目標を具体的に示した学習指導計画を策定する」とある(32)。また，本会議は「言語・数理運用科」等が「本市（広島市－執筆者注）独自に設置する教科であることから，小学校と中学校との接続を踏まえて学習のねらいや内容を系統的に整理した学習指導計画を策定するほか，それに伴う教材の開発や副読本の作成等にあたる」とされている(33)。

このような状況から，広島市は「言語や数理を運用して思考・判断・表現する力」を身に付けさせることを義務教育で取り組むべき課題として位置づけ，「小学校と中学校の教育課程に『言語・数理運用科』」を設置することとした(34)。そして，「言語・数理運用科」の新設，小学校における「英語科」の導入をはじめとする広島市の目指す学力向上のための取り組みは，現行の学校教育，とくに小学校・中学校学習指導要領に基づく教育課程では実施できないため，「ひろしま型義務教育創造特区」を広島市は総合規制改革会議に申請した。そして，特区指定の認可が下りたため，本事業への取り組みを 2007（平成19）年度より開始した。本事業は 2010（平成22）年から広島市教育委員会所管の小・中学校，すなわち広島市全域の公立小・中学校での展開が目指されているが，2007（平成19）年度から 2009（平成21）年度は研究開発校，研究協力校，実践研究校を指定する形で試行的な取り組みが行われている。

また教員に対しては，「ひろしま型カリキュラム」実施に際し「教員研修の充実」として，「すべての市立小・中学校教員に対し，ひろしま型カリキュラムについて周知を図るための研修を実施する」とし，とくに「『言語・数理運用科』と『英語科』については，教科の目標や学習の内容，効果的な指導方法等について十分な研修を行う」ため，「研究開発校での公開授業や研修会の実施,

市教育センター等での実践研修の実施など」により，「教員研修の充実を図る」とある[35]。

3 「ひろしま型カリキュラム」と教育行政

　本節では特区計画および広島市教育委員会の訪問調査時配付資料等によりながら，「言語・数理運用科」創設の趣旨を広島市教育委員会の認識を中心に明らかにしていく[36]。「ひろしま型カリキュラム」の特徴は，①4・5制の実施，②「言語・数理運用科」の新設，③小学校における「英語科」の導入の3点にある。具体的には，小学校6年間，中学校3年間というこれまでの9年の義務教育体系をカリキュラム体系の側面から崩し，4年と5年の形でカリキュラムを再構成している。つまり，「小学校第一学年から第四学年を『学びの基盤づくりと基礎の徹底』の期間と位置付け，読み・書き・算などの基礎的な知識・技能の習得と学習習慣の定着を図るとともに，小学校五学年から中学校第三学年を『思考力・判断力・表現力の向上と発展』の期間と位置付け」ている[37]。なお，前期4年では基礎・基本的な学力形成のみに，後期5年では活用型学力形成のみに取り組むのではなく，これらの学力上の区分はあくまで形成をめざす学力の重点の置き方の違いに過ぎない[38]。

　広島市は「ひろしま型カリキュラム」の展開をとおして「生きる力」を育成することを目指しているが，「生きる力」のうち「確かな学力」にも示されているように，学力を「基礎的な知識・技能」，「学習意欲」，「思考力，判断力，表現力」という3つの側面からとらえている[39]。このような学力形成のあり方を現行の学校教育における教科指導の点からみた場合，広島市では知識技能の習得を中心とする「各教科」と，探究活動を中心とする「総合的な学習の時間」の間に断絶があり，これらをつなげるものがなかったと認識している[40]。このため，これら2つをつなげるものとして，新たに「言語・数理運用科」を創設したのである。つまり，「各教科」で習得した知識・技能を「言語・数理運用科」において活用し，さらに「総合的な学習の時間における探究」という

一連のプロセスを経ることで「思考力・判断力・表現力の向上」をめざそうとしている[41]。なお，広島市教育委員会の学力観については，広島市議会での「学校ではぐくむべき真の学力とは何か」との質問に対し，「『単に基礎的な知識・技能にとどまるものではなく，知識・技能を活用して課題を解決するために必要な思考力・判断力・表現力などの能力や主体的に学習に取り組み態度などを含むもの』と考えている」と答えている[42]。

「言語・数理運用科」では，「子どもが物事をどのようなプロセスでどのように考えたのか」という思考のプロセスを重視している[43]。そこには，子どもの思考力・判断力・表現力が身につかないのは，「教師がそのプロセスを見取ってこなかったからである」との教育委員会の認識がある[44]。この点では，児童生徒の学力に対する教員の意識改革の取り組みでもある[45]。子どもの思考プロセスを見取る方法として「子どもが課題に取り組む際，ノートなどに記入したものを消しゴムで消させないことで，思考の過程を明確にする」ようにしている[46]。また，「言語・数理運用科」における活用型学力形成のあり方から，各教科と総合的な学習の時間の従来のあり方をも見直している。「各教科」については 「学習の結果だけでなく，思考の過程を大切にした授業を行う」，「各教科で求められる『思考』の育成を意識した授業を行う」，「明確な判断基準をもって，思考している児童生徒をていねいに見取る」といった方向に，「総合的な学習の時間」については「言語・数理運用科で身に付けた，『課題の設定』の仕方，『情報収集』の仕方，『整理・分析』の仕方，『まとめ・表現』の仕方を生かし，充実した探求活動を行う」，「各教科等で身に付けた知識や技能等を関連付けた学習活動を行う」方向に改善していこうとしている[47]。

「言語・数理運用科」の目標は「日常生活に見られる様々な事象について，テキストから目的に応じて必要な情報を取り出し，各教科で身に付けた知識と経験と関係付けて思考・判断し，自らの考えを適切に表現する力を育てる」ことにある[48]。これは，同時に「言語・数理運用科」における学習プロセスを表している。また，「言語・数理運用科」のねらいは「各教科の学習を基に，思考力・判断力・表現力を向上させること」，「各教科で身に付けた知識・技能

を実生活で活用できる能力にまで高めること」,「学習したことが日常生活で生きて働くことを実感させ,学習に有用感をもたせること」にある[49]。これが児童生徒の学びへの意欲へとつながっていく[50]。「言語・数理運用科」で必要とされる思考とは「比較して考え,判断する」こと,「分類整理して考え判断する」こと,「多面的・総合的に考え,判断する」こと,「類推的・演繹的・機能的に考え,判断する」「関連付けて試行し,判断する」ことである[51]。例えば,「ひろしま型カリキュラム」では100円パーキングの値段設定の方法に関する単元に「100円パーキングの秘密」があるが,児童生徒の取り組みとしては,これをかけ算で考える児童,グラフで考える児童,文章で考える児童など,児童によってさまざまな解法があるが,これらが活用であり,既存の教科での取り組みとは異なった形で表れることとなる[52]。

　広島市が「言語・数理運用科」で育成を目指す「言語運用能力」と「数理運用能力」は,PISAにおける学力に近い。すなわち,「言語運用能力」とは「読解リテラシー」に,「数理運用能力」は「数学的リテラシー」に通じるとされている[53]。さらに「言語・数理運用能力」は,「国語・英語,算数・数学といった教科の枠を超えて言語運用能力・数理運用能力を育み,さらに日常生活の中で活用できる能力」とされている[54]。「教科の枠を超え」た能力の育成が特徴である。なお,「英語科」については「中学校における英語教育の基盤となる力の育成」と「言語や文化に対する興味・関心を高め,積極的にコミュニケーションを図ろうとする態度」を育てることを目指している[55]。

　小・中学校における「言語・数理運用科」等は,学習指導要領などに示されない新たな科目の追加であるため,授業科目・授業時間の確保は総合的な学習の時間と選択科目の時間を流用して実施される[56]。広島市が構造改革特区を申請した一つの理由もここにある。

　また2010(平成22)年度から予定されている「ひろしま型カリキュラム」の広島市立の全小学校・中学校への導入を円滑に進めるために,研究開発校,研究協力校,実践研究校における研究実践の成果を広めていくための公開研究会が開催されている。例えば,2007(平成19)年度は11月～12月にかけて,研究

指定を受けた小学校8校，中学校4校で，広島市立小・中学校の教職員を対象に「ひろしま型カリキュラムに係る研究開発校等公開研究会」が開催されている[57]。あるいは研究開発校における公開研究会に教員を参加させたり，2009 (平成21) 年度は夏休み1日研修として「言語数理運用科」の1日実践研修を開催し，各小学校から1名，中学校では各学年から1名参加することとなっている[58]。

4 「ひろしま型カリキュラム」実践への取り組み

本節では研究開発校における「ひろしま型カリキュラム」実践への取り組みを「生涯学力」を視野に入れつつみていく。2008 (平成20) 年度における「ひろしま型カリキュラム」の研究開発校等は，表に示したとおりである[59]。これらの小・中学校では「広島市立小・中学校教育課程編成基準に従い，教育課程を編成・実施し」，またこれら以外の学校では「ひろしま型カリキュラムに係る教育課程」の研修を進めることになっている[60]。研究開発校では「学習指導計画に基づく実践研究を行い，その成果と課題を『学習指導計画策定会議』にフィードバック」する[61]。『最終報告』でも述べられていたように「ひろしま型カリキュラム」の「言語・数理運用科」の指導案は，広島市教育委員会におかれる学習指導計画作成会議が行う。本会議は9名の小・中学校教員と3名の大学関係者から組織される。そして，研究開発校等では，本会議が定めた「平成20年度研究開発校に係る広島市立小・中学校教育課程編成基準」に基づき，各学校でのカリキュラムが策定される。本会議が指導案・資料集を作成するとされているのは「教員の負担感を軽減するため，これまで各学校が行っていた教材開発を教育委員会で行う」ことにしているためである[62]。

以下，「ひろしま型カリキュラム」の実践例として，研究開発校に指定された広島市立千田小学校の 2008 (平成20) 年度の取り組みを確認していく。

千田小学校は2008 (平成20) 年度の研究主題を「豊かな感性を持ち，主体的に活動する子どもの育成〜かかわりを大切にし，考える力を引き出す授業作り〜」に設定している[63]。本主題との関係で，「言語・数理運用科」の目的を「身の

回りの事象や社会事象・自然事象を題材にした連続型テキスト・非連続型テキストによる資料を通して，問題を発見し，その背景について考え，表現する力の育成」を目指すものととらえている(64)。さらに，これは「問題解決的な学習を大切にする社会科の授業構成と共通」するものとし，研究教科を低学年では生活科，中学年では社会科，高学年では「言語・数理運用科」とし，「考える力」の育成を中心に取り組んでいる(65)。そして，言語・数理運用能力が「国語科」の「聞く」，「話す」，「書く」，「読む」，「算数科」の「数理的な処理」，「筋道を立てて考える」力をベースに1年生から4年生まで学年間で統一して形成されることの重要性を指摘している(66)。さまざまな力を使うことで，既存の教科に連続性をもたせようとしていると考えられる。また「かかわりを大切にし，考える力を引き出す授業作り」を各学年の研究教科で進め，あわせて「言語数理運用科」の研究を進めていかねばならないとしている。

千田小学校では，このような実践をとおして，児童に育てたい力として，①

表　平成20年度　「ひろしま型カリキュラム」研究指定校等

	研究開発校	研究協力校	実践研究校
「国語科」			古田台小，長束小，口田小，亀山小，湯来東小，湯来西小，二葉中，伴中，長束中，湯来中
「算数科・数学科」			江波小，原小，伴小，長束西小，祇園中，東原中，口田中，船越中
「英語科・外国語科」	幟町小，安西小	白島小，基町小，井口小，井口明神小，毘沙門台小，安東小，安小，倉掛小，中野東小，中野小，畑賀小，五日市観音西小	幟町中，井口中，安佐中，安西中，高取北中，瀬野川中
「言語・数理運用科」	袋町小，千田小，国泰寺中，五日市南中	竹屋小，本川小，似島小，緑井小，古市小，伴東小，口田東小，似島中，安佐南中	

（広島市教育委員会「平成20年度 研究指定校一覧」をもとに作成）

問題を発見し，思考，判断する力（問題解決力），②かかわりを大切にし，ともに高まる力（かかわる力），③学習を振り返り，自らの考えや課題を明らかにしていく力（自己評価力）をあげている[67]。こうした力は「生涯学力」にも共通するものである[68]。

「言語・数理運用科」をはじめとして，社会科，生活科で「かかわり合う力」を育てるためには，その方法として，小集団や学級集団で考えを練り，高め合いながら問題解決できる学習材，学習過程，学習活動，学習評価が求められる[69]。そのため，千田小学校は，研究の視点を，①出会いと発見のある学習材の開発，②単元を見通した学習過程の工夫，③かかわりを大切にした学習活動の工夫，④一人ひとりのよさを生かす評価活動の工夫においている[70]。①について，具体的には，児童生徒の生活経験と関わるもの，将来児童生徒が直面することが予想されるもの，地域の実態をいかしたものなどであって，たとえば，「言語・数理運用科」では「マイカー乗るまぁデー」，「広島の路面電車」「広島お好み焼き物語」などのカリキュラムを実践し，「新教科における育てたい力の段階指標（ルーブリック）」を定めている[71]。取り上げられる学習材が，児童の生活と密接に結びついたきわめて具体的なものとなっている。また，千田小学校の取り組みには，パフォーマンス評価が用いられており，この段階指標では，児童の思考の過程を重視した指標が設定されている。④の評価とも関わるが，児童の思考過程を見取るために，パフォーマンス評価が使われていると考えられる。パフォーマンス評価は，さまざまな技能をさまざまな方法で評価できる点はメリットが大きい[72]。しかし，一般化の点で問題もある[73]。

千田小学校の取り組みで示されている，段階指標は(1)「情報を取り出す力」，(2)「思考・判断する力」，(3)「表現する力」の３つの目標を３段階で達成を目指す形である[74]。(1)から(3)の目標はさらに細かく設定されており，(1)では「問題発見力」と「見通す力」，(2)では「探求力」，「判断力」，「集団思考力」，(3)では「表現力」となっている[75]。

では，これらの目標に掲げられている学力はどのような段階を経て，児童に獲得されるのだろうか。(2)「思考・判断する力」における「探求力」を例にみ

ていく。「探求力」は第1段階では「問題に関連した予想を資料や自分の知識と関連づけて考えることができない」こと，第2段階では「問題に関連した予想を資料や自分の知識と関連づけて考えることができる」こと，第3段階では「問題に関連した予想を資料や自分の知識と関連づけて，複数，考えることができる」となっている[76]。また，この段階指標に基づいて「本時の目標がどこにあたるのかを考え，評価基準が作成」される[77]。こうした段階を経ることが，児童の学習に対する有用感へとつながっていき，さらには「生涯学力」へもつながると考えられる。

千田小学校におけるこれらの研究体制は，校長・教頭および全体研修会のもとに研究推進委員会がおかれ，さらに研究推進委員会のもとに「言語・数理運用科研究部会」，「基礎・基本研究部会」，「英語研究部会」，「研究編集部会」をおく形で進められることとなっている[78]。

おわりに──「ひろしま型カリキュラム」の特徴と課題

以上，「生涯学力」形成との関係で広島市における学力向上施策としての「ひろしま型カリキュラム」の特徴を「言語・数理運用科」を中心にして確認してきた。

[1]では，広島市に設置された検討委員会において，「言語・数理運用科」を含めた「ひろしま型カリキュラム」が提案されたことを確認した。これは，広島市の児童生徒が抱える義務教育に関する課題を解決するために，基礎・基本としての「言語運用能力」と「数理運用能力」を育成することをめざすものであった。また，小学校6年，中学校3年の枠組みを崩し，小学校第1学年から第4学年までの4年と小学校第5学年から中学校第3学年までの5年に区分してカリキュラムを構成し，小学校・中学校の接続の改善による学力向上をめざしていた。

[2]では，検討委員会で提案された「ひろしま型カリキュラム」が現行の学習指導要領の枠内で実施することが困難であるため，構造改革特区として申請さ

れたことをみた。これは広島という地域の特性を生かしつつ,広島市の児童生徒の抱える学習上の課題を解決しようとするものであった。また「ひろしま型カリキュラム」の教材として取り上げる内容も,子どもに身近なものであり,広島という地域性を強く反映したものとして考えられている。また「ひろしま型カリキュラム」は,教員研修や保護者への説明会等をとおして周知徹底し,全市的な取り組みとして展開していくことが示されている。

　3では,「ひろしま型カリキュラム」における「言語・数理運用科」が「各教科」で習得した知識・技能と「総合的な学習の時間」における探究の間をつなぐ活用型学力を形成する新教科として考えられており,これにより児童生徒の「思考力・判断力・表現力の向上」をめざしていることを確認した。あわせて,「言語・数理運用科」における「活用」により,子どもたちに学校で学んだことに対する有用感を味わわせ,「学びへの意欲」を引き出していこうとするものであった。また,言語・数理運用科の役割はこれに止まらず,「言語・数理運用科」を軸に既存教科における学習のあり方の見直しを図ろうとするものでもあった。児童生徒の学習に対する評価観についても,答えが出せるかどうかという結果の重視から,児童生徒がどのように考えたのかという思考のプロセスの重視することで,児童生徒の学習状況を把握しようとするものである。

　4では「ひろしま型カリキュラム」の研究開発校として指定された広島市立千田小学校での取り組みを確認した。本校の取り組みでは,「ひろしま型カリキュラム」を生活科,社会科,「言語・数理運用科」を一つの軸として展開しようとしていた。また,児童の学習方法においては,「かかわり合う力」を育てる観点から,個別学習ではなく,学級集団を活用した学び合いによる取り組みがおこなわれていた。また,段階指標を設定し,児童の学習状況を細かく把握していくことを目指している。

　最後に「生涯学力」という点から「ひろしま型カリキュラム」を考えていく。「ひろしま型カリキュラム」は「言語・数理運用科」を軸として,「各教科」,「総合的な学習の時間」のあり方を変えようとするものである。とくに「言語・数理運用科」では,児童生徒の思考やそのプロセスが重視されており,この点

ではこれまでの学力観の転換を図ろうとする取り組みとみることができる。さらに「言語・数理運用科」をとおして，各教科で身につけた知識・技能を活用し，「総合的な学習の時間」での探究に結びつけ，児童生徒に学校での学習への有用感をもたせようとしていたが，これが学びへの意欲へとつながっていく。このようにして培われる学びへの意欲が「生涯学力」の形成へとつながっていくこととなる。しかしながら，この点については，まだ試行段階である点も含めて考えなければならないが，「ひろしま型カリキュラム」では習得した知識・技能とその活用という側面が強く，これを「総合的な学習の時間」における探究にどのようにしてつなげていくのか，明確でない点がある。探究という作業は，児童生徒による自発的な活動の側面を有しており，学びへの意欲と大きく関わっている。

　「ひろしま型カリキュラム」の課題について述べておく。「ひろしま型カリキュラム」における学習指導計画，あるいは教材の開発，副読本の作成等が，教育委員会を中心に行われている。「ひろしま型カリキュラム」が試行段階であることを踏まえれば，このような形をとることもやむを得ないといえる。これは教員の負担軽減が理由とされていたが，学習指導計画等は学校教育の根幹に関わるものであり，2010（平成22）年以降，広島市立小・中学校全校で展開する場合，地域性や子どもの実態を踏まえつつ，どこまで各学校に「ひろしま型カリキュラム」の教育課程編成が委ねられるのかということが課題となってくると考えられる。千田小学校の取り組みからも，カリキュラム編成や運用が，教員の力量に依存していることが示されている。また「ひろしま型カリキュラム」で取り上げられる学習材は地域を題としたものになっているが，「生涯学力」から考えた場合，どのようにして，学習対象が地域にとどまらず，一般化する形で広がりをもたせていくかが問われている。

注
（1）　生涯学習審議会答申「学習の成果を幅広く生かす－生涯学習の成果を生かすための方策について－」（1999（平成11）年）。
（2）　前田耕司「学習社会における『生涯学力』形成の課題－『生涯学力』概念の枠組み

に基づく考察―」日本学習社会学会『日本学習社会学会年報』第 5 号，2009 年，54 頁。佐藤学は「『PISA 型学力』（リテラシー）は，その概念と定義の成立背景が示しているように，21 世紀の高度知識社会において生涯学習に参加するための基礎となる学力を示したものである」と述べている（佐藤学「学力問題の構図と基礎学力の概念」東京大学学校教育高度化センター『基礎学力を問う』東京大学出版会，2009 年，26-27 頁）。後に述べるが「ひろしま型カリキュラム」で目指す学力も，PISA 型学力と類似しており，この点で生涯学力へとつながるものととらえられる。

(3) 佐藤学「転換期の教育危機と学力問題」東京大学大学院教育学研究科基礎学力研究開発センター『日本の教育と基礎学力―危機の構図と改革への展望』明石書店，2007 年，36-38 頁。
(4) 同上書，39 頁。
(5) 同上書，47 頁。
(6) 同上。
(7) 市川伸一『学力低下論争』ちくま新書 359，筑摩書房，2002 年，77 頁。
(8) 市川伸一「学力論争における国際学力比較調査の役割」東京大学大学院教育学研究科基礎学力研究開発センター前掲書，64-65 頁。
(9) 中央教育審議会答申「21 世紀を展望した教育の在り方について」(1996（平成 8）年）
(10) 同上。
(11) 教育課程審議会答申「幼稚園，小学校，中学校，高等学校，盲学校，聾学校及び養護学校の教育課程の基準の改善について（答申）」(1998（平成 10）年）。
(12) 文部科学省『小学校学習指導要領』(2008（平成 20）年改訂）。
(13) 学力観について，佐藤学は「『学力（基礎学力）とは何か』という問いは，『学力』概念が人それぞれの『見かた』として提示されている以上，学問的には解決しようのない問いである」[14]と述べている（佐藤学「学力問題の構図と基礎学力の概念」東京大学学校教育高度化センター『基礎学力を問う』東京大学出版会，2009 年，13 頁）。
(14) 基礎・基本の力の定着に係る学校教育のあり方検討委員会『最終報告』平成 18 年 4 月，7-19 頁（広島市ホームページ：http://www.city.hiroshima.jp/www/toppage/0000000000000/APM03000.html）。
(15) 「平成 18 年第 5 回広島市教育委員会会議録」（広島市ホームページ）。
(16) 『最終報告』，4 頁。
(17) 同上，5 頁。
(18) 同上。
(19) 同上，7 頁。
(20) 同上，7-8 頁。
(21) 同上，11 頁。
(22) 同上，11-14 頁。

(23) この点に関して，広島市議会文教委員会で「中学校の言語・数理運用科は，学級担任が教えることを基本としているが，国語や数学などの教科担任でなくても指導できるのか」との質問がだされている。これに対し，広島市教育委員会は，言語・数理運用科は「学習においては，学級担任が指導している総合的な学習の時間と同様に，(1)自ら課題を見つけ，自ら学び，自ら考え，主体的に判断し，よりよく問題を解決する能力を育てること，(2)国語・数学等の各教科で身に付けた基礎的な知識・技能を相互に関連付け，総合的に働くようにすること，なども重視している」。また「どの教員も指導内容や指導方法について理解し，自信を持って指導できるよう，副読本や教材及び全授業時間分の詳細な学習指導計画を教育委員会が作成し，全中学校に配布している」。これらが，総合的な学習の時間と同様に学級担任による指導を基本とした理由であると回答している（「文教委員会における主な質問・答弁要旨」(平成21年度第2回市議会定例会（開会期間：2009（平成21）年6月18日〜7月1日）) 広島市ホームページ）。
(24) 同上，15-16頁。
(25) 同上，17頁。
(26) 同上。
(27) 同上。
(28) 「構造改革特別区域計画」(広島市「ひろしま型義務教育創造特区」申請書），1頁（総合規制改革会議ホームページ：http://www.kantei.go.jp/jp/singi/kouzou2/kouhyou/061116/dai12/20toke.pdf）。なお，「ひろしま型義務教育創造特区」は，総合規制改革会議の第12回認定委員会（2006（平成18）年11月）で特区として認可されている。
(29) 同上，2頁。
(30) 同上。
(31) 同上，3頁。
(32) 同上，7頁。
(33) 同上。
(34) 同上。
(35) 同上，7-8頁。
(36) 執筆者は，2009（平成21）年2月に広島市教育委員会事務局指導第一課に訪問調査を実施した。
(37) 広島市教育委員会「『ひろしま型カリキュラム』構築と検証進む」『はるか★プラス』2008年10月号，ぎょうせい，26頁。
(38) 広島市教育委員会事務局指導第一課訪問調査時インタビュー。
(39) 広島市教育委員会指導第一課「保護者説明会 広島らしい新しい教育の推進（ひろしま型カリキュラムの導入に向けて）」(訪問調査時配付資料）。広島市教育委員会「『ひろしま型カリキュラム』構築と検証進む」前掲。広島市教育委員会事務局指導第一課

訪問調査時インタビュー（2009 年 2 月）。
(40)　広島市教育委員会指導第一課「ひろしま型カリキュラム『言語・数理運用科』」2008 年 11 月（訪問調査時配付資料）。広島市教育委員会事務局指導第一課訪問調査時インタビュー（2009 年 2 月）。
(41)　同上。
(42)　広島市平成 21 年第 3 回市議会定例会（開会期間：2009（平成 21）年 9 月 25 日～10 月 16 日）。
(43)　広島市教育委員会事務局指導第一課訪問調査時インタビュー（2009 年 2 月）。
(44)　同上。
(45)　同上。
(46)　同上。
(47)　広島市教育委員会指導第一課「ひろしま型カリキュラム『言語・数理運用科』」2008 年 11 月（訪問調査時配付資料）。
(48)　同上。
(49)　同上。
(50)　広島市教育委員会事務局指導第一課訪問調査時インタビュー（2009 年 2 月）。
(51)　同上。
(52)　「100 円パーキングの秘密」は言語数理運用科の小学校六学年に配当される単元である（「平成 20 年度『言語・数理運用科』年間指導計画（小学校第 6 学年）」（訪問調査時配付資料））。広島市教育委員会事務局指導第一課訪問調査時インタビュー（2009 年 2 月）。
(53)　「構造改革特別区域計画」，5 頁。
(54)　同上。
(55)　同上。
(56)　同上，11-12 頁。
(57)　広島市教育委員会指導第一課「ひろしま型カリキュラムに係る研究開発校等公開研究会（第 1 次案内）」2007（平成 19）年（広島市ホームページ）。この点については、「構造改革特別区域計画」においても、「教員研修の充実」として「すべての市立小・中学校教員に対し、ひろしま型カリキュラムについて周知を図るための研修を実施する」とある。
(58)　広島市教育委員会事務局指導第一課訪問調査時インタビュー（2009 年 2 月）。
(59)　広島市教育委員会「平成 20 年度 研究指定校一覧」2008（平成 20）年（広島市ホームページ）。
(60)　「構造改革特別区域計画」，11-12 頁。
(61)　同上，7 頁。
(62)　「文教関係の審査における主な質問・答弁要旨」広島市平成 20 年度予算特別委員会

(開会期間：2008（平成20）年2月29日〜3月25日）（広島市ホームページ）。
(63) 「研究主題設定の理由」広島市立千田小学校「平成20年度千田小学校研究推進」（広島市立千田小学校ホームページ：http://www.senda-e.edu.city.hiroshima.jp/）。
(64) 同上。
(65) 同上。
(66) 同上。
(67) 「育てたい力」同上。
(68) 生涯学習においても，県民カレッジといった取り組みにも示されているように，学習者の組織化，学び合いが重要な位置を占めるようになっており，とくに②で述べられている力が求められる。
(69) 同上。
(70) 「研究の視点」同上。
(71) 「研究の視点」同上。
(72) キャロライン・V・ギップス（鈴木秀幸訳）『新しい評価を求めて－テスト教育の終焉』論創社，2001年，168頁。
(73) パフォーマンス評価の問題点として「ひとつの課題から別の課題へ一般化することはできない」と指摘されている（同上書，145頁）。
(74) 「新教科における育てたい力の段階指標（ルーブリック）」同上。
(75) 同上。
(76) 同上。
(77) 同上。
(78) 「研究組織」同上。

中国の流動人口における養育環境
―― パーソナル・ネットワークとの関連において ――

金塚　基

キーワード：流動人口，農民工，養育，ネットワーク，中国

はじめに

　これまで中国の流動人口の養育環境に関しては，主に学校教育に関する制度的保障，学校教育環境，教育費などの経済的側面が注目され考察対象とされ，都市民と流動人口との格差が論じられてきた。こうした中国の戸籍制度に端を発する大都市における都市民／流動人口区分の二元構造に似する問題は，グローバル化した経済下では日本を含む諸都市が抱えており，世代間を超えて伝達される可能性が高い社会問題といえる。

　本研究は，流動人口の問題にとって重要な次世代の定住化と社会移動の可能性（教育達成）に関与する要因を考察するものである。そのため流動人口の家庭における養育環境（社会経済的地位・パーソナル・ネットワーク等）ならびに就学前の子どもの養育状況を考察対象とし，アンケート調査の知見を踏まえることにより，子どもの教育達成の機会の可能性を検討する。

　特に，就学前の子どもの養育環境には，その家庭，親への依存的割合という観点からみると，学齢期以降の子どものそれとは異なる側面をもつ。つまり，生活過程において依存的な度合いが高いということは，直接的で最も身近な養育者である父・母親や兄弟間など，同一世帯における人間関係に対して多くを依存するということに他ならない。そして，家庭の養育環境の諸要素は，その

幼児期の子どもの生活環境を形成すると同時に，以後の教育達成や自身のネットワークにも大きな影響を与えると考えられる。例えば，日本における子どものネットワークの構成と特性に関する近年の調査には，母親の友人数が子どものネットワークの総数（規模）に影響を与えているもの[1]，また，子どものネットワークにとって重要な影響要因とされる子どもの遊び場への親子の参加をめぐって，育児期の母親の有するネットワークの総数との関連が報告されているものなどがある[2]。

　しかし，中国都市部に移住した流動人口の家族における養育環境をめぐって，特に就学前の子どもならびにその親を対象とした調査はこれまでほとんど報告されていない。小・中学校等における調査票の配布・回収と異なり，幼児園などでのサンプリングは小規模なケースにならざるをえないことや，教員の親（保護者）に対する権限が弱いため，結果として実施方法や回答数が制限されるといった問題がある。よって本稿では，流動人口家庭の養育調査結果の分析を通じて就学前の子どもの養育状況を考察する。

1　教育達成におけるパーソナル・ネットワーク

　中国社会ではパーソナル・ネットワークを基盤として，多くの資源のやりとりが行われる行動様式がある。教育達成を従属変数とした先行研究においては，養育者の学歴・職業などの既に獲得された属性にもとづく説明変数が用いられてきたが，本研究では，特にパーソナル・ネットワーク[3]という関係構造の属性をもうひとつの考察枠組みとしてとりあげる。例えば，岩田（1997）によれば，中国のパーソナル・ネットワークの構造とは日本社会のような個人の集団への関わりを前提としたネットワーク形成と異なり，より自己中心的な「ネットワーク中心型モデル」を形成すると類型化される。また園田（2001）によれば，血縁関係を中心とする関係ネットワークにもとづく「関係主義」の行動文法をもつなどとも分析されている。つまり，中国社会における個々人には，その保持する何らかのパーソナル・ネットワークを通じて生活上必要と感じら

れるさまざまな資源を調達し合う文化的習慣がみられるということである。

　これらを本研究の論点に即していえば，流動人口の家族では，その次世代である子どもの教育達成のための資源をめぐって，どのようなパーソナル・ネットワークをどのように活用しているか，という視点が重要となる。関係主義といわれる中国社会における流動人口の集団を対象としたとき，移住する都市社会で，彼ら個々人がホスト社会の都市民とどのようなネットワーク形成を行っているのかといった問題は，子どものみならず家庭生活全体に関わる重要因である。よって本研究では，家族のパーソナル・ネットワークの状況にかかわる変数を設定する。

　日本社会を対象とした資源としてのネットワークの概念を用い，教育達成とネットワーク構造の属性との関係を調査する研究は多くない。しかし例えば，社会階層がより上層であるほど資源としてのネットワークの特性が高く，また多様性も高いといった調査結果（Campbell, 1986；Marsden, 1987；菅野, 1998a；松本, 1994；中尾, 2002）や，低学歴の母親が高学歴の母親と親友であった場合，低学歴の母親の教育文化（教育観）は高学歴の母親のそれに近い性質をもつ（立山・森岡, 1994）といった分析結果もある。

　このようにネットワークをひとつの社会資源としてとりあげる研究のなかには，社会階層によるインパクトのみではなく，ネットワークの特性が独自に社会意識に影響を及ぼしているという見解も存在する（菅野, 1998b；安田, 1998；林, 2002）。そこではネットワークについても，その特性が諸個人の行為の集積として作用するものなのか，あるいは社会階層の枠組みに規制されたものとして作用するのかという社会学上の伝統的な見解の対立が存在する。

　中国の流動人口について以上のようにネットワークのあり方を捉えようとした場合，問題はそれほど単純とはいえない。流動人口における社会的文脈とのかかわりからネットワークを捉えた場合，パーソナル・ネットワークは生活環境上，物質的な資源と同様に重要な資源を構成している。しかし流動人口の場合は，それまでの地域社会や親戚家族と隔絶される一方で，特に大都市の社会ではその市民としての正当な地位を与えられるケースは少ない。つまり，物質

的な豊かさを求めて地方から大都市に移住し，その目的が一定の成功を収めていたとしても，以前の生活で築かれていた各種のネットワークからの断絶，さらには家族内での断絶すら経験していることが多い(留守児童問題など)。

　流動人口の家庭環境がそのように社会的文脈から断絶されたものであり，そうした流動人口である親子が自分たちの生きる社会との連続感や帰属感といった感覚さえもが喪失するような状況にある場合，彼(彼女)らの生きる希望や自尊心などの自己信頼感は失われ，無気力や絶望感が生じることにつながっていく。それは例えば，「貧しさの文化」といわれるような都市の貧困層に共通する，周囲の社会から孤立した思考・行動様式に陥ることになる[4]。そのことは，彼(彼女)らの居住する社会に対する興味や関心の低下にもつながっていくであろうし，特に子どもがそうした生活文化の環境にある場合，学習への意欲，さらには学習能力の減退へとつながっていくことになる。だとすれば，流動人口の養育環境では，通常の都市民以上にその保有するネットワークの質との関係が考察されなければならない。以上のことから検討する具体的な諸変数および仮説モデルは以下の通りとする。

　子どもの養育状況(被説明変数項目)　　具体的な養育状況として設定した項目は，「幼児園に対する心配ごと」，「小学校の予定進学先」，「子どもの広州市民の親友数」である。後述するように，入園後の通園状況について，都市民とは異なる流動人口ならではの心配ごとが想定される。さらに，卒園後の小学校への入学先は，子どもの将来的な生活環境を左右する重大な進路にかかわるテーマであり，この変数と流動人口の家庭環境やその他のネットワーク状況との関連を捉えることを本調査の中心的な課題とする。

　家庭の階層・養育環境　　社会経済的地位に関する項目の他，家計や生活水準の状況からどこまでを子どもの幼児園における保育・教育費の上限の金額とするかを，月額(人民元単位)で「保育・教育費の上限」として設定した。その他，余暇などの家庭生活時間の状況をみるために「一日の労働時間」ならびに「定休日の日数」を設定している。養育期待として，子どもの今後の「小学校の予定進学先」の項目を加えた。

```
┌─────────────────┐      ┌─────────────────┐      ┌─────────────────┐
│ 親の都市民との    │      │ 子どもの養育状況  │      │ 家庭の階層・養育環境│
│ パーソナル・     │─────▶│・子どもの広州市の │◀─────│・親の職業的地位   │
│ ネットワーク     │      │  親友数          │      │・保育教育費の上限 │
│・広州市民の職場の │      │・幼児園に対する心配│      │・余暇時間        │
│  友・知人数      │      │・小学校の進学先   │      │・月収            │
│・近隣の広州市民の │      │                 │      │・学歴            │
│  友人数          │      │                 │      │・移住年数        │
└─────────────────┘      └─────────────────┘      └─────────────────┘
```

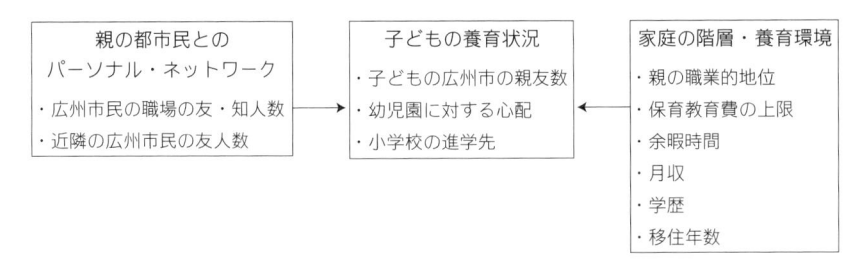

図1　仮説モデル（分析の枠組み）

　パーソナル・ネットワーク　親の都市民に対するネットワークの規模を測定するために職場および近隣の広州市民の友・知人数，広州市民の友人総数をそれぞれ設定した。また，親の広州における移住生活歴を「広州滞在生活歴（年数）」として質問項目に含ませた。

2　調査の実施にあたって

　用いた回答データは，中国広州市全域の民営幼児園8カ所に通う幼児をもつ保護者（親）からのものである。広州市の場合は，すでに市内1600カ所余りの幼児園中，1500カ所近くが民営幼児園となっている。また，近年の物価高騰により政府に等級づけられた利用者負担額では園の経営は困難を極めているために，民営幼稚園の保育教育費は「賛助費」「支教費」あるいは「助学費」とよばれる付加費用が利用者に課せられることが入園の条件になっている。広州市の約半数以上の幼児園がこうした付加費用を利用者から徴収しており，それが経営収入の半分を占めている園もあるという[5]。

　実際の民営幼児園の保育教育費は市場化による格差が広がっており，それは300人民元から5000人民元までさまざまである[6]。教員・保育士の資質差のみならず保育内容，立地条件，施設の安全性なども保育教育費の差につながっており，利用者は自分の経済的状況を理解したうえでそれぞれの条件に適合する幼児園を選択している。調査の拠点としたそれらの幼児園は，広州市内の流

表1　調査概要

実施期間	2007年8月上旬から11月上旬（踏査期間を含む）	
実施場所	幼児園名	配布数（有効回答数）
	①新太陽幼児園	60部（42部）
	②西華幼児園	90部（54部）
	③育新幼児園	110部（88部）
	④華興幼児園	90部（56部）
	⑤南苑幼児園	100部（85部）
	⑥石牌東路幼児園	60部（38部）
	⑦瑞興芸術幼児園	60部（47部）
	⑧新糖実験幼児園	70部（29部）
調査方法	上記①～③については集合調査法 上記④～⑧については留置調査法	
備考	総じて配布数に比較して有効回答数が少ないものは，広州本籍者を除いたためである。	

動人口の密集地を踏査するなかで，実際に発見・訪問・インタビューを重ねながら流動人口の幼児の通園割合を確認することによって選定した，民営のなかでも特に保育教育費の安価な「流動幼児園」である。1カ月の保育教育費は140-300人民元ほどであり，利用者の大部分が流動人口の家庭の子どもを主として経営が成り立っている。さらに広州市天河区教育局および各幼児園長の許可を得て，2007年9月上旬から11月上旬にかけて，各幼児園にて子どもの送迎に来た保護者に対し調査票を配布し，回収した。そのうち無効票（広州市本籍者など）を除き，400部余りの回答を分析データとした。

3　結果

1　幼児園に対する心配

まず，都市のネットワークや生活様式を獲得することに対する彼らの不安を感じさせる結果が出た。「幼児園での心配ごと」[7]に関して，保護者の「職場

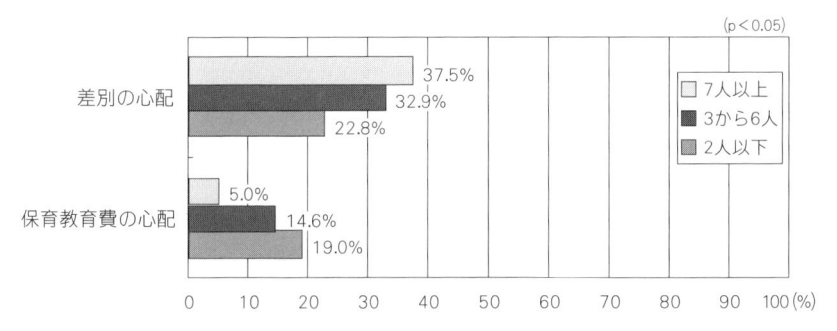

図2　職場の広州市民数と幼児園での心配ごと（2項目のみ抜粋）

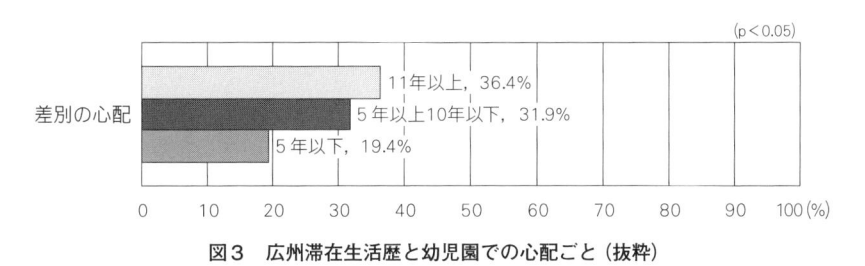

図3　広州滞在生活歴と幼児園での心配ごと（抜粋）

の広州市民数」ならびに「広州滞在生活歴」との間に関連がみられた（図2，3）。職場における広州市民数が多い親ほど幼児園での子どもの差別の心配の回答割合が多くなり，また同様に，広州滞在生活年数の多い親ほど子どもの差別を心配する回答割合が高い。保育教育費の心配についても，職場の広州市民が多い親ほど子どもの保育教育費を心配する回答が高くなっている。これらのことは，広州市民の文化・経済・養育水準に適応しようとする価値観や期待が，逆にプレッシャーや歪みとなって表出したものであるといった可能性がある。

2　子どもの都市民の親友数

子どもの広州市民の親友数との関連が高いものから順に，保護者の「広州市民総友人数」(0.548)，「職場の広州籍友人」(0.451)，「近隣の広州籍友人数」(0.373) となっており，まったく関連のないものはなかった。しかし，家庭の養育環境（保護者の労働条件，社会経済的地位，広州生活歴など）やその他の諸項目

表2　親の広州ネットワーク項目群と子どもの市民親友数の相関

	職場の広州友人数	近隣の広州友人数	広州総友人数	広州市民の親戚数
子どもの広州市の親友数	0.451**	0.373**	0.548**	0.194**

**　$p<0.01$

との関連はほぼなかった。このことから，親の広州市民とのネットワークの構造が，親子の日常生活などを通じて子どものネットワークに影響するといえる。それは子ども本人の性格や行動が独自の要因となって広州の友人が多くなったというよりも，学齢期前の幼児であれば，むしろ親の影響が子ども自身のネットワークにもたらした結果である解釈できる。

3　小学校の予定進学先

まず，家庭の階層・養育環境と小学校の進学先についての関連がいくつかみられた。それらのうち，小学校の予定進学先に最も高く関連しているのは，家庭の月収ならびに親の学歴であった（表3，4）。その他，保育教育費の上限，そして定休日や職業とも一定の関連があったが，総じて家庭の階層との関連がみられたといえる。また，広州滞在の生活歴との関連についても，11年以上の回答者ではより高い割合（83.6％）で子どもの広州市内の進学を予定しているが，生活歴が5年以下の回答者では11年以上回答者の3.7倍以上の割合で進学予定先が不明となっている（表5）。

つぎにネットワークとの関連では，近隣の広州市民の友人数が多い回答者では市内進学の回答割合が高くなり，不明と回答する割合が下がっている（表5）。広州市民の総友人数と予定進学先についても，総友人が多い回答者では市内進学予定の回答割合が高くなり，不明とする回答ならびに帰郷進学の回答割合は低下する（表6）。

ここで，予定進学先に関連がみられたパーソナル・ネットワークと学歴とのいずれが予定進学先に実質的関連を有するのかという問題になってくる[8]。このため，回答者集団の学歴を流動人口の平均とされる中学卒に統制した上で，

表3　家庭の月収と小学校の予定進学先

(%)

	市内	不明	故郷	計（N）
1500元以下	47.3	28.4	24.3	100.0（ 74）
2000元以下	60.8	30.4	8.9	100.0（ 79）
2000元以上	72.8	18.7	8.5	100.0（235）

$p < 0.001$

表4　学歴と小学校予定進学先

(%)

	市内	不明	故郷	計（N）
小学卒	38.5	38.5	23.1	100.0（ 26）
中学卒	56.8	28.8	14.4	100.0（118）
高校卒	64.5	25.8	9.7	100.0（155）
短大以上	86.5	7.2	6.3	100.0（111）

$p < 0.001$

表5　広州滞在生活歴と小学校の進学先

(%)

	市内	不明	故郷	計（N）
5年以下	51.0	37.6	11.4	100.0（149）
5年以上10年	70.9	14.9	14.2	100.0（148）
11年以上	83.6	10.0	6.4	100.0（110）

$p < 0.001$

表6　近隣の広州友人数と小学校の進学先

(%)

	市内	不明	故郷	計（N）
いない	50.0	34.8	15.2	100.0（132）
1から3人	69.8	25.0	5.2	100.0（ 96）
4人以上	76.7	10.7	12.6	100.0（103）

$p < 0.001$

表7　広州市民の総友人数と進学先

(%)

	市内	不明	故郷	計（N）
0から2人	50.0	36.8	13.2	100.0（106）
3から6人	61.9	26.8	11.3	100.0（ 97）
7人以上	79.6	11.7	8.7	100.0（103）

$p < 0.001$

表8　近隣の広州友人数と進学先

(%)

	市内	不明	故郷	合計
いない	31.3	54.2	14.6	100（48）
1から3人	78.9	21.1	0	100（19）
4人以上	75.0	0	25.0	100（20）

※回答者の学歴を中学卒に統制したもの
$p < 0.001$

ネットワークと予定進学先とのクロス表を作成した結果，近隣の広州友人数と予定進学先との間に関連がみられた（表7）。近隣の広州友人数の多い回答者では，市内進学の割合が高いが，友人のいない回答者では，予定進学先を不明する回答者の割合が高くなっている。よって，ネットワーク自体による独自の影響があると考えられる。

おわりに

　学齢期前の子どもをもつ広州市流動人口の親を対象として，彼（彼女）らのパーソナル・ネットワークおよび家庭の養育環境，また子どもの養育状況に関するアンケート調査を市内の流動人口の割合の高い8カ所の民営幼児園において実施し，養育環境の特質を中心として分析・検討した。

　まず，幼児園における心配ごとに関する結果の考察から，相対的に広州市民の多い職場やすでに広州滞在生活が長い，都市生活の価値観や文化基準に慣れているとおもわれる親において，子どもの差別に対する心配ごとの回答割合が高くなっていた。

　つぎに，子どもの広州市の親友人数については，親の職場，近隣を含む親の広州市民の友人・知人など重層的に形成されたネットワークとの関連がみられたが，収入や労働環境との関連はみられなかった。これは親の広州市における交友関係のあり方が子どものそれに影響することを意味する。

　流動人口における子どもの教育達成，さらには定住化を方向づけるであろう小学校の予定進学先に関する回答分析では，広州のネットワークならびに家庭の月収，親の学歴が進学先に大きな影響を与えていた。月収が多い回答者では帰郷進学予定が減り，市内の小学校に進学させようとする回答の傾向がみられる。また，学歴が高い回答者では市内を進学先とする回答者の割合が高く，低い回答者では帰郷進学を希望する回答割合が高くなる。広州市民の知人・友人が多い回答者では，広州市内の小学校に進学させようとする割合が高くなり，そうしたネットワークの規模が小さい子どもの親では，不明あるいは帰郷進学させようとする割合が多くみられた。さらに，学歴を統制した回答者集団の分析から，予定進学先に対するネットワーク独自の影響が明らかにされた。

　よって本調査結果においては，流動人口における子どもの小学校の予定進学先に関し，学歴・収入といった階層的要因のみではなく，居住都市民とのネットワークとの関連が示されたといえる。また，市民とのネットワークの状況が学歴に関連している点を考慮するならば，教育達成の重要性とは，流動人口の

子どもの定住化や職業的地位の獲得といった社会移動のみならず，将来的なネットワークの資源の獲得の問題でもあることが理解されよう。

注
（1） 中谷奈津子「子どもの遊び場と母親の育児不安－母親の育児ネットワークと定位家族体験に着目して－」『保育学研究』第44巻第1号，2006年，50-62頁。
（2） 飯塚由美「こどもの親密な関係と社会的ネットワーク」『島根女子短期大学紀要』Vol.34, 1996年，57-64頁。
（3） ネットワークという概念にはさまざまな視角があるが，本研究では主に個人を中心に拡がるパーソナル・ネットワーク，人間関係のつながりとして捉えられる概念視角を意味する（森岡清志編著『都市社会の人間関係』放送大学振興会，2000年，26-27頁）。
（4） Oscar Lewis（1965）*LA VIDA: A Puerto Rican Family in the Culture of Poverty*, Random House, New York.（オスカー・ルイス／行方昭夫・上島建吉訳『ラ・ビーダⅠ：プエルト・リコの一家族の物語』みすず書房，1970年，35-38頁）
（5） 「羊城晩報」2007年1月8日。
（6） 同上。
（7） 保育教育費の心配（9.8％），差別される心配（28.9％），学習水準に対する心配（30.4％），その他（30.9％）であった。
（8） 紙面の都合上省略するが，ネットワークと月収との関連はほとんどみられなかった。

引用・参考文献
Campbell, Karen E.（1986）"Social Resources and Socioeconomic Status", *Social Networks*, No.8, 97-117.
岩田龍子・沈奇志（1997）『国際比較の視点で見た現代中国の経営風土』文眞堂。
Marsden, Peter V.（1987）"Core Discussion Networks of Americans", *American Sociological Review*, Vol.57, Feb: 122-131.
松本康（1994）「都市度，居住移動と社会的ネットワーク」『総合都市研究』第52号，43-77頁。
中尾啓子（2002）「パーソナルネットワークの概要と特性－東京都居住者のネットワーク調査から－」森岡清志編『パーソナルネットワークの構造と変容』東京都立大学出版会，17-39頁。
園田茂人（2001）『中国人の心理と行動』日本放送出版協会。
菅野剛（1998a）「社会階層と社会的ネットワーク－地位の非一貫性と社会移動の効果－」『年報人間科学』19号，325-339頁。
菅野剛（1998b）「社交類型と社会意識－媒介装置としてのネットワーク－」白倉幸男編

(1995)『SSM 調査シリーズ 17 社会階層とライフスタイル』SSM 調査研究会科学研究費補助金特別推進研究(1)「現代日本の社会階層に関する全国調査研究」成果報告書,205-218 頁。

立山徳子・森岡清志(1994)「母親の友人関係と教育文化－関係財としての友人関係の考察－」『総合都市研究』第 52 号,79-97 頁。

台湾の日本統治時代における「國語」教科書に見られる原住民の記述に関する考察

鄭　任智

キーワード：日本統治時代，台湾，國語教科書，原住民，皇民化政策

はじめに

　明治維新後，近代国家として成立した日本では，「学制」の発布・施行によって近代初等教育制度が発足したが，1895年に日本の植民地になった台湾では「國語傳習所」が初等教育の始まりであった。國語傳習所を字義通りに解釈すると「国語を伝授し人々に習得させるところ」と理解できるが，ここでの「国語」というのは日本語のことを指す。一国の標準語・共通語である国語という概念は，近代国民国家の成立と密接な関係を有しており，近代国民国家と「共存共栄」の関係にあるという (Hobsbawm, 1990)。こうした国語を国民に普及する教育は台湾にとって初めての経験であった。日本が台湾を領有するまで，極少数の人には「官話」[1]を学習する必要があったが，一般の庶民はそれぞれのエスニック・グループ言語や地方言語，つまり各郷土言語を使用した。言い換えれば，近代国民国家となった日本の統治によって，台湾に国語という概念がもたらされ，それが台湾の人々にとって全く新しい体験となったのである。また，官話を使う目的はコミュニケーションを取ることにあり，互いに意思の疎通ができれば良いため，標準・不標準という問題は存在しなかった。しかし，国語が性質上官話と異なっており，全国の国民が学ばなければならない標準の言語であるため，方言ないし郷土言語に対する強い排他性を有していた（周婉窈，

2003)。

　国語教育の推進については台湾各地の青年団体や部落振興會などの社会教育団体・施設も担っていたが，本稿では台湾の子どもの初等教育を担う機関である公學校（その前身は前述した國語傳習所）の「國語」教科を中心に考察を進めていく。つまり公學校全体の学習時間の中で最も重い比重を占めている國語科（臺灣教育會，1939）に対し，その教科書に見られる原住民（主に山地に居住する台湾の先住民族を指す。以下原住民）の記述を考察することを本稿の目的とする。

　言語同化政策の一翼と看做されていた國語教科書には，日本的要素や台湾的要素の他に，実学的要素や皇国史観的要素が織り込まれ，また時期によって戦時体制的要素も入れられていた。本稿で原住民を取り上げる理由は，日本統治時代において台湾住民全体が被統治側で，つまり政治的・権力的マイノリティであったが，原住民は更にその台湾住民全体の中のマイノリティであったためである。具体的な例として，台湾在住の日本人子弟の初等教育機関は「小學校」であったのに対し，一般の台湾人子弟は前述した公學校であり，原住民子弟は「蕃人公學校」であったことが挙げられる。また，公學校と蕃人公學校の「公學校規則」も教科授業時数も使用教科書も異なっていた（原住民児童用の教科書は『蕃人讀本』4冊）（臺灣教育會，1939）。つまり原住民と一般台湾人の初等教育は区別されていたのである。しかし，本稿で原住民児童用の教科書ではなく，一般台湾人児童用の教科書を取り扱ったのは，人数的マジョリティである（政治的・権力的マイノリティではあるが）平地住民が公學校の國語科教育を通して，自分よりマイノリティの原住民像をどのように抱いていたかについて明らかにするためである。つまり，政治的・権力的・人数的マイノリティである原住民が，人口的マジョリティである平地住民が使う國語教科書において如何なるイメージが描かれていたかを考察することが本稿の目的である[2]。

　従って，本稿は日本統治時代に全5期出版・使用された國語教科書の時期区分を皮切りに，その各期の教科書における原住民に関する記述を中心に考察していく。

1 全5期の國語教科書

　1900（明治33）年まで台湾には統一した「國語」読本がなく，國語傳習所と公學校で使用されている教科書も日本内地の小學校用教科書や總督府が編纂したタイトルに「臺灣適用〜」が付いた各種教科書，例えば『臺灣適用國語讀本初歩』や『臺灣適用會話入門』，『臺灣適用書牘文』など様々であった（臺灣教育會，1939）。後の公學校國語教科書に近似しているのは『臺灣適用國語讀本初歩』である。

　臺灣總督府は1901（明治34）年から全12巻の『臺灣教科用書國民讀本』を発行し，その後は4回の改訂が行われた。全5期の臺灣總督府府定國語教科書の刊行表は以下の通りである。

　表1を見ると第1期の教科書は約11年，第2期は約9年，第3期は約14年，第4期は約4年，第5期は約2年使用されていたことが分かる。第1期教科書の『臺灣教科用書國民讀本』が発行された時に，日本内地では国語教科書の採用について未だ国定教科書制度に踏み込んでおらず，検定制度時期にあった。それと比べて，植民地である台湾では文化・教育を所管する民政部の編纂した統一の教科書が採用されたため，日本内地より一足早く中央政府による教科書統一制度を採ったのである。しかし，第2期以降の台湾の國語教科書は，日本内地の国定國語教科書より遅く出版されるようになり，またその影響も見られ

表1　臺灣總督府府定國語教科書刊行分期表[3]

期数	初版発行年	読本名称	巻数
第1期	1901-1903年	『臺灣教科用書國民讀本』	12
第2期	1913-1914年	『公學校用國民讀本』	12
第3期	1923-1926年 1930-1933年	『公學校用國民讀本』[4] 公學校用國民讀本（第二種）』	12 12
第4期	1937-1942年	『公學校用國語讀本（第一種）』	12
第5期	1942年 1943-1944年	『コクゴ』，『こくご』 『初等科國語』	4 8

るようになった。

2 第1期國語教科書について

　第1期國語教科書は，臺灣總督府民政部學務課によって編纂され，1901年から1903年にかけて出版され，1913年まで使用された。第1期教科書の編纂方式は当時流行していたフランス人学者のゴアン（Gouin, F.）の言語教授法（陳培豊，2001）を取り入れ，巻1の最初から日本語の五十音字だけでなく，台湾語の「八聲符號」をも提示した（臺灣總督府，1902）。ゴアンは実際の生活から言語を学習すべきだと主張しているため，この國語教科書でも日常生活の会話から応用，次第に文章まで進められていったのだと考えられる。従って，第1期の各課はほぼ「本文」とその応用文型である「應用」，また本文の台湾語での読み方である「土語讀方」の3部構成となっている。ここでの「土語」という言葉には差別の意味があるが，当時の状況を如実に反映するため本稿では元の使い方を採る。同じく「生蕃（9-9。巻9の第9課を意味する。以下同）」も台湾の原住民を指す言葉で，現在では差別用語となるため使用されていないが，本稿では元の使い方を採る。

　第1期巻1から巻4の各課は前述した本文・應用・土語讀方の3部構成となっており，巻5と巻6は應用と土語讀方が交互に本文の後ろに付けられているが，巻7以降は應用が見られず，土語讀方も少なくなっていった。台湾の子どもに対して應用と土語讀方を付けることは，日常生活での応用や郷土言語ないし母語と標準語（日本語）の言語互換性などに工夫していると見られるが，実際，土語讀方のほうが本文より遥かに短く，また本文の内容と乖離するところが多々ある（臺灣總督府，1902）ため，「國語重視・母語軽視」の状況になってしまうのである。

　第1期教科書では，台湾のマイノリティである原住民を取り上げる課として「生蕃（9-9）」が挙げられるが，その内容は「臺灣ニワ，生蕃トイウ，チエモナク道理モ知ラナイ人ガ，タクサンイマス…中略…顔ヤ手足ナドニ，イレズミオ

シタモノガ，タクサンアリマス…中略…人ノ首オトッテ，祭ナドオ，スルモノガアリマス…中略…病氣ニナッタトキモ，醫者ガアリマセヌカラ，ナオシテモラウコトガデキマセヌ。マコトニ，アワレナモノデアリマス」（臺灣總督府，1912）と記述されており，一部の原住民の旧慣の由来を究明せず，原住民の文化に関する表現も一部の人に顔や手足に入れ墨（図1参照）がある程度で，一方的に原住民に「野蛮」，「無知」，「可哀想」などのレッテルを貼っている。こうした内容を見ると，日本が「アワレナ生蕃」を「文明開化」させる使命を果たすかのようなイメージを与えている。

3 第2期國語教科書について

第2期國語教科書は1913-1914年にかけて出版され，1923年まで約9年間使用されていた。第2期から日本内地の小學校の国定教科書による影響が見ら

図1　挿絵での原住民像
（臺灣總督府，1912）

れ，例えば巻 1 は挿絵付きの「ハナ，ハタ」(臺灣總督府，1913a) から始まることや「水兵の母 (10-14)」(臺灣總督府，1914a) の内容がそのまま移植されてきたことなどが挙げられる。また，前期の課にあった應用と土語讀方が第 2 期から掲載されなくなった。

　第 2 期教科書にも前期に引き続き「生蕃 (9-22)」という台湾の原住民の生活や風習を扱う課が載せられている。ただし，前期のような描写ではなくなり，「今でもやはり昔の風習を傳へてゐますが，中にはいくらか開けてゐるのもあります」と異なる表現になっている。また，文章の最後に「人口は十二萬ばかりで，其の半分以上は最早良い人民になって，色々の仕事を覺え，又學校なども出來て，仕合に暮して居ます。外の生蕃が残らず帝國の良民になって…中略…我が皇室の御恩を受ける」(臺灣總督府，1913b) と書かれており，政府の「文明開化」を受け入れることで，仕事もでき学校にも行ける「幸せな生活」を送る「良民」になれるという同化政策的な内容となっている。異なる文化に優劣をつけて「未開＝悪民」・「開化＝良民」というやり方は，總督府側から見ると巧みな「理蕃事業」の手段の一つであるが，台湾の子ども，特に原住民の子どもに与える影響は甚大だと考えられる。「良民」になりたいため，また「良民」として見られたいため，「文明開化」すなわち政府による同化政策を受けて，自らの原住民文化ないし郷土文化を捨てることもあり得るからである。

　この「生蕃 (9-22)」で「陋習を改善しろ，帝国の良民になれ」とダイレクトに統治者側の視点で描かれたが，新しく編纂された「呉鳳 (11-24)」は物語方式で「陋習」の改善を図ろうとした。この課は，「昔，阿里山蕃の通事に呉鳳といふ人物がありました。大層親切なよい通事でしたから。蕃人は親のやうに呉鳳を敬ひ慕ってゐました。もと阿里山蕃は人を殺すことを何とも思はないで，お祭の時に人の首を供へる風がありました。」という記述から始まっている。呉鳳はこの悪い風習をやめさせるために「これからは決して人を殺すな。お祭には去年取った四十餘りの首を毎年一つづつ供へよ」と言い聞かせたが，その後祭事用の供物としての首がなくなり，再びそれを求めた「蕃人」に対し，呉鳳が自らの首を与えることによりその陋習を改めさせた，という内容である (臺

灣總督府，1914b）。自らの身を犠牲にして原住民の陋習を改めようとした「至高の道徳」の体現とも言えるこの「呉鳳神話」は，戦後の国民党政権が編纂する教科書にも登場し，民主化した現在では原住民からの抗争や関連研究などによってその故事の真偽についてしばしば論争が起きているが，日本統治時代においてこれは原住民を「道徳教化」ないし「文明開化」するのに格好の逸話であるため，第4期までこの課は載せ続けられていた。

4　第3期國語教科書について

　1919年10月，臺灣總督として武官総督の代わりに文官総督が就任することになり，同化政策を台湾の統治方針として打ち出した。第3期國語教科書は，こうした同化方針が確立された後の1923年に出版され，1936年まで約14年間使用された。第3期國語教科書における台湾的要素は前期より大幅に増えており，挿絵においても台湾の農村風景や家庭風景，台湾式の祭りなど台湾の郷土的要素が盛り込まれ，全5期の國語教科書の中で最も台湾要素の多いものであった。

　こうした台湾的要素が多かった第3期教科書では，第1期と第2期に台湾の原住民について取り扱った「生蕃」という課は見当たらず，関連性があるのは「臺東だより (7-23)」の中に出てくる「蕃社」と「蕃人」（臺灣總督府，1923）と前期にもあった「呉鳳 (8-25)」での「蕃人」（臺灣總督府，1924）という用語のみである。「呉鳳 (8-25)」は前期の内容と一緒で，「臺東だより (7-23)」は東台湾の地理や風景などに言及する単純な紀行文である。従って，第3期の原住民に関係する課は以前と比べて最も文化的格差が見られないと言えよう。

5　第4期國語教科書について

　1936年に小林躋造が臺灣總督に就任した際に統治方針を「皇民化」，「工業化」，「南進基地化」（臺灣總督府情報部，1940）としたことによって，台湾の「皇民化

時期」が始まったのである。「皇民化」というのは「皇国の臣民と成らせる」ことで，今までの同化政策よりさらに強力な同化要請となる政策である。それに基づいて1937年に第4期國語教科書が出版され，約4年間使用された。教科書の発行年は日中戦争と同じであるため，戦時体制や愛国教育の色彩が濃くなった。例えば巻1の冒頭2ページ分の挿絵で，高く掲げられている日の丸に，教員と子どもたちが整列してそれを仰いでいる箇所が挙げられる（図2参照）。

　こうした戦時体制・愛国教育色が濃厚な第4期國語教科書では，皇国史観や軍事に関する内容が大幅に増加した。原住民に関する課について前述の「呉鳳(8-18)」を除けば，原住民に対する呼び方が従来の「生蕃」や「蕃人」から「高砂族（「新高登山(11-14)」，「臺灣の國立公園(11-15)」）」（臺灣總督府，1942）になっている。それは1935年に行われた「戸口調査規定」によって「生蕃」を「高砂族」にと公式に呼称が改められたためである。こうした政策が國語教科書に反映され，原住民に対する差別用語は減少したものの，原住民の生活様式

図2　第4期巻1の冒頭の挿絵
（臺灣總督府，1937）

や習俗に関する描写がほぼなくなり、「呉鳳 (8-18)」で描かれた「未開」の原住民像だけが残された。

6 第5期國語教科書について

　第5期教科書は，1941年の「臺灣教育令改正」によって初等教育施設が一斉に「國民學校」と改称された翌年に出版され，終戦まで約2年間使用された(5)。太平洋戦争の勃発や國民學校への改編，皇民化運動の強化などの要素によって，第5期教科書は前期より戦時体制色・皇国史観色が一層強くなった。その中，原住民が「高砂族」という用語として登場した「東臺灣 (7-11)」(臺灣總督府，1943) と「新高登山 (11-13)」(臺灣總督府，1944b) の他，戦時体制下の原住民像をテーマに取り上げて新設した課として「サヨンの鐘 (9-17)」が挙げられる。その内容を以下に要約する。

　台湾東北部の宜蘭の南澳にあるリヨヘンという戸数50戸余りの山村で生まれ育ったサヨンは，14歳で村の教育所を卒業した後，女子青年團員としてよく働き，「ことに支那事變が起つてからは，銃後の奉公に献身的にはげ」んでいた。1938年に日本が中国に武漢攻略戦をしている最中，教育所の先生のところに召集令が届き，女子青年團員たちは先生の荷物運搬を手伝うことにした。しかし，山を降りる前日に嵐が来る様子で危険な道のりになるが，サヨンが「御恩になつた先生が，陛下のお召しを受けて，名譽の應召をされるのですから，ぜひ見送らせてください」と言い，35キロの荷物を背負って出発した。しかし，嵐の中に一行が丸木橋を渡ろうとした際，サヨンは荷物と一緒に落水して急流の中に消えていってしまったのである。その後，この話を聞いた臺灣總督はサヨンの「篤行をほめ」るため，「愛國乙女サヨンの鐘」(図3参照) と刻まれた鐘をリヨヘン村の教育所に贈ったのである。

　この話は実際にあった出来事であり，日中戦争への戦意高揚の他に，主人公のサヨンが1930年に発生した日本統治時代における最後の武装抗争となる「霧社事件」の原住民と同じくタイヤル族の女性青年であるため，總督府が原住民

に対する教化事業の成功を証明できる事柄であったと言える。さらに1943年に満州映画協会のスターである李香蘭（山口淑子）による主演の同名映画が公開され，台湾島内の公學校國語教科書という枠から飛び出して社会教育の教材と共に皇民化政策・愛国教育政策を宣伝する恰好の材料にもなったのである。

また，第5期の國語教科書では第2期から載せられてきた「呉鳳」という課がなくなった。それは，戦争時期において陋習の「道徳教化」・「文明開化」の「呉鳳」を載せるより（もしくは既に「道徳教化」・「文明開化」に成功していると考えられている可能性もあるだろう），「サヨンの鐘（9-17）」を載せたほうが「皇国臣民の資質を鍛練・育成させる」という國民學校の目的に沿っており，原住民青年を戦争動員しやすいためであったと考えられる。

おわりに

本稿は全5期の國語教科書の中における台湾原住民に関する内容を中心に考察した。序で提起したようにマイノリティに関する内容の中に最も問題点を顕著に表せるのは，政治的・権力的マイノリティである被統治側の台湾住民の中に更にマイノリティの位置づけとなる原住民に関する記述である。こうした原住民に関する記述は第1期の「生蕃（9-9）」では，「チエモナク道理モ知ラナイ人」や「人ノ首オトッテ」，「アワレナモノ」などと描写されており，原住民が「野蛮」・「無知」・「未開」であるため，日本がこのような彼らを「文明開化」する使命を果たすかのようなイメージを与えている。原住民の文化に関する紹介や究明についてほぼ皆無という内容である。

第2期では原住民に関する課は前期と同じタイトルの「生蕃（9-22）」と新しく編纂された「呉鳳（11-24）」がある。「生蕃（9-22）」は第1期の課と同タイトルであるが，原住民の生活描写や習俗に関する記述がなされ，前期のようなマイナス描写はなくなったものの，總督府の「文明開化」を受け入れることで仕事もでき学校にも行ける幸せな生活を送ることのできる「良民」になれるという同化政策的な内容が記述されている。こうして異なる文化に優劣をつけて「未

開＝悪民」・「開化＝良民」という書き方は，總督府側から見るとこれが巧妙な「理蕃事業」の手段の一つであるが，台湾の子ども，特に原住民の子どもに与える影響は甚大であると考えられる。「良民」になりたいため，また「良民」として見られたいため，「文明開化」すなわち政府による同化政策を受けて，自らの原住民文化ないし郷土文化を捨てることもあり得るからである。一方，「呉鳳 (11-24)」では自らの命を犠牲にして「蕃人の陋習の改善」ないし「野蛮で無知な蕃人の教化」をする物語となっている。この「呉鳳神話」は植民政府が原住民を「道徳教化」ないし「文明開化」するのに格好の逸話であるため，第4期までこの課は載せ続けられていた。

　第3期では第1期と第2期にあった「生蕃」の課はなく，原住民に関連性があるのは旅行便りの「臺東だより (7-23)」と前期にもあった「呉鳳 (8-25)」のみであるため，第3期の原住民に関係する記述は全5期の中に比較的に文化的格差が見られないと言えるが，記述の少なさから逆説的に言うとマイノリティ文化への軽視とも言える。

　第4期では，原住民に対する呼び方が従来の差別意味が入っている「生蕃」や「蕃人」から中性的な「高砂族」に変更された。しかし，原住民に対する差別用語が減少したものの，この「高砂族」という名称変更はあくまでも統治者側の利便のためであり，原住民自己の意思によるものではないため，マイノリティ文化が相変わらず重視されていないと言える。そのため，第4期に出てきた原住民に関する記述は「呉鳳 (8-18)」で描かれた「未開」の原住民像だけとなっているのである。

　第5期ではそれまで道徳教化色を帯びた「呉鳳」がなくなった代わりに，愛国教育色が濃厚な「サヨンの鐘 (9-17)」が新設された。多少の脚色はあると考えられるが，サヨンの話は実際にあった出来事であるため，戦争への戦意を高揚させようとした他，主人公のサヨンが原住民の女性青年で「霧社事件」の原住民と同じくタイヤル族であるため，そのような總督府に抵抗した原住民（しかも儒教的道徳観から見ると相対的に弱いとされている女性という身分もあり）に対して，總督府がその教化事業に成功したという証明となっている。

全５期の國語教科書での原住民に関する記述を考察してきたが，マクロ的に見ると記述が全体的に少ないため，平地住民の子どもにとって原住民に対して「野蛮」や「未開」などのステレオタイピングが容易に形成され，異なるエスニック・グループ間の隔たりが更に開く恐れも考えられる。当時においてはもちろん多文化教育という概念はなかったが，皇民化政策を推進する際にはそのような教育とは逆の方向性を持つこと，つまり一元化教育が必要とされていたため，第５期ではそれまで「未開」のイメージしかなかった原住民像は一気に「文明開化」して日本皇国の忠実な臣民となったのである。こうしたイメージ改変の裏には，原住民の生活様式や習俗など文化的記述が殆どないため，マイノリティ文化の保持やカリキュラムへの反映などは成し得なかったのである。

注
（１）　高層官僚系統の共通語を意味する。清国時代ではそれが北京語を指し，ローマ字表記が「Mandarin」である。
（２）　当時の原住民教育については松田吉郎の『台湾原住民と日本語教育－日本統治時代台湾原住民教育史研究－』が詳しいため，本稿では言及しない。
（３）　臺灣總督府編『日治時期臺灣公學校與國民學校國語讀本（第一期～第五期）』南天書局復刻版（2003 年）を整理して製表した。
（４）　1930（昭和５）年以降，書名の後ろに（第一種）が加わり，つまり『公學校用國語讀本（第一種）』となる。
（５）　第５期教科書は１年生用『コクゴ』２冊，２年生用『こくご』２冊，３年生から『初等科國語』８冊が使用される。学年によって書名が異なるため，本稿では『コクゴ』を巻１～２，『こくご』を巻３～４，『初等科國語』を巻５～12 と番号を改めた。

引用・参考文献
陳培豊（2001）『「同化」の同床異夢：日本統治下台湾の国語教育史再考』三元社。
Hobsbawm, E.J. (1990) *Nations and Nationalism Since 1780: Programme, Myth, Reality,* Cambridge: Cambridge University Press.
松田吉郎（2004）『台湾原住民と日本語教育－日本統治時代台湾原住民教育史研究－』晃洋書房。
周婉窈（2003）「臺灣人第一次的「國語」經驗」『海行兮的年代：日本殖民統治末期臺灣史論集』允晨叢刊 93。
臺灣教育會（1939）『臺灣教育沿革誌』

臺灣總督府（1902）『臺灣教科用書國民讀本』第 1 期卷 1。
臺灣總督府（1912）『臺灣教科用書國民讀本』第 1 期卷 9。
臺灣總督府（1913）『公學校用國民讀本』第 2 期卷 1。
臺灣總督府（1913）『公學校用國民讀本』第 2 期卷 9。
臺灣總督府（1914）『公學校用國民讀本』第 2 期卷 10。
臺灣總督府（1914）『公學校用國民讀本』第 2 期卷 11。
臺灣總督府（1923）『公學校用國民讀本』第 3 期卷 7。
臺灣總督府（1924）『公學校用國民讀本』第 3 期卷 8。
臺灣總督府（1937）『公學校用國語讀本（第一種）』第 4 期卷 1。
臺灣總督府（1942）『公學校用國語讀本（第一種）』第 4 期卷 11。
臺灣總督府（1943）『初等科國語』卷 3（文中の分類では卷 7）。
臺灣總督府（1944）『初等科國語』卷 5（文中の分類では卷 9）。
臺灣總督府（1944）『初等科國語』卷 7（文中の分類では卷 11）。
臺灣總督府情報部（1940）『時局下臺灣の現在とその將來』臺灣總督府。

オーストラリアの博物館における民族文化に関する活動
―― 遺骨・遺物の返還を中心として ――

若園 雄志郎

キーワード：博物館，アボリジニ，返還，学芸員，多文化教育

はじめに

　本稿は博物館における民族文化に関する活動を，オーストラリアの博物館の事例を中心としてその教育機能について考察するものである。博物館が持つ機能として欠かせないのは教育普及活動であるが，それは単に来館者に対して展示を通じた教育をするのみではない。

　近年博物館では民族の文化表象，特に少数民族や先住民族などの文化表象に関して多くの取り組みがなされている。すなわち，これまでの表象がマジョリティ側だけの視点によるものであった事への反省に基づく活動内容の見直しである。そうした取り組みは個々の博物館による自主的な取り組み以外にも，各国の博物館協会ないしはそれに準ずる団体による包括的な行動指針の策定や法整備の進展による取り組みなど様々なものがある。

　オーストラリアでは1993年の世界先住民年に際し，博物館の所蔵する先住民族の資料に関しての行動指針「かつての所蔵品と新たな義務」(Previous Possessions, New Obligations: PPNO)が策定され，2005年にはその改訂版である「連続した文化と継続する責任」(Continuous Cultures, Ongoing Responsibilities: CCOR)が出された。これらはオーストラリアにおける博物館の先住民族資料の取扱いなどに関する指針であり，前者は自己決定，管理とコレクション，コレクショ

ン及び情報へのアクセス，先住民族への補佐，雇用と養成，方針決定の6項目，後者はこれに加え文化的・知的所有権，和解の計8項目が提示されている。この行動指針の策定はオーストラリアの博物館に大きな影響を及ぼした画期的なものであった。

　本稿ではそのような動きに着目し，博物館の民族文化に関する活動について遺骨・遺物の返還（repatriation）を中心として考察する。まず民族の文化を扱った博物館に起こっている変化の背景について述べ，オーストラリアの博物館がどのような背景の元に行動指針の策定へと至ったかを明らかにする。次にオーストラリアでの民族文化に関する取り組みについて，特に遺骨や祭礼具の返還を中心として考察を加え，博物館がどのように民族と協働していくのかについて述べる。それはマジョリティ側だけの視点によるものであった事への反省に基づく取り組みであるといえるが，その協働は教育普及活動の大きな一部となると考えられるのである。最後に博物館が教育機関として存在するには博物館の持つ政治性に注意を払うことが必要であり，問題提起を行うような内容を持たなければならないということを学芸員の立場への検討を加えながら述べる。

1　行動指針策定へと至る背景

　民族に関する資料を扱った博物館では，1980年代後半より民族の文化表象を再考する動きが顕著となってきた。その契機としては1984年秋にニューヨーク近代美術館で開かれた「20世紀美術におけるプリミティヴィズム（Primitivism in 20th Century Art）－部族なるものとモダンなるものとの親縁性」展がある（吉田, 1998）。そこでは「部族美術」を西洋的解釈により「モダンアート」の作品とすることでさらに美術的価値を高めたという見解に対し論争が起こったのである。この事例は美術史の研究者や評論家による議論であり，マジョリティとマイノリティの関係性を直接的に示したものではない。しかし，「部族美術」の展示方法を問い直したという点で重要な出来事として捉えられる。

　このような動きが現れてきた背景としては社会情勢の変化が挙げられるだろ

う。すなわち文化や経済のグローバル化が徐々に進展し，移民・難民の増加や民族としての意識の変化が起こってきており，それに伴う具体的な施策がとられてきていた時期であった。

　この時期のオーストラリアでは1983年にオーストラリア博物館協会理事会において所有者や所有者の子孫を確認できる資料の返還を決定し，資料に明らかな科学的・教育的価値がある場合のみ博物館が保有できるといった内容の指針を採用したことに始まり，先住民族に関連する資料や展示などに対する取り組みが相次いで開始された。そして，1984年には，「アボリジニ及びトレス諸島人文化遺産保護法」が制定され，彼らにとって重要な意味を持つ土地や資料を保存あるいは保護することが求められた。同法では「アボリジニの遺骨に関する処理」についても規定されており，彼らには自らの伝統に沿って所有や管理を行う権利がある，そしてそのような意志がある先住民族にはそれらを返還しなくてはならないとされた。すなわちここでは遺骨の持つ科学的・教育学的価値よりも先住民族の文化的伝統を優先するという方向性がみられるのである。このような流れの中で1993年の世界先住民年に際し，博物館の所蔵する先住民族の資料に関しての行動指針PPNO，そして2005年の改訂版CCORの策定へと至るのであった。

　その中で重視されていたのは先住民族の「自己決定」ということであった。それは博物館においては個々の民族の文化やアイデンティティの権利を認め，彼ら自身の選択により歴史や文化を語るということである。ただしこれは博物館によって初めて言及されたものではない。「自己決定」を唱える教育施策の展開が1970年代より見られ，「『自己決定』の理念は1973年より爾来，連邦政府によるアボリジニに対する政策の基本に据えられ，政権の移行にあってもその理念は大きく後退することはなく，90年代に引き継がれて」いったように，教育や文化に関する先住民族政策の一環として「自己決定」は重視されてきたのであった（前田，2005）。

　オーストラリア以外の博物館でも同様の動きがあった。例えばアメリカでは1989年に「アメリカインディアン国立博物館法」，「1990年にアメリカ先住民

墳墓保護返還法」が制定された。これにより「スミソニアン博物館と全米の連邦資金を受けている博物館や研究機関は，所蔵している先住民族の人骨や埋葬品の目録を作成し，当該部族や遺族と交渉のうえ，それらを返還するよう義務づけられた」のであった（内田，2005）。そしてこの1990年を境に「政治的課題が持ち込まれた博物館は，運営上かつ研究上でもよりクリティカルな場」となり，「博物館で生み出される知識は，誰もが合意できるものではないことが前提になった」のであった（田川，2005）。

　以上のように先住民族に関した博物館施策は民族に関する議論の高まりを背景として各国において行われていった。すなわちそれまでの歴史や博物館資料に関する経緯に対しての再検討や反省が行われるようになったといえる。

2 オーストラリアにおける返還と博物館

　前述の「アボリジニ及びトレス諸島人文化遺産保護法」や行動指針PPNO及びCCORで言及がなされた遺骨や祭礼具の「本来の持ち主への返還」は重要な意義があるだろう。これらの「返還」に関して，行動指針PPNOの策定時にはオーストラリアの博物館関係者の間に多くの議論を引き起こした。資料の返還を行うことは先住民族から「次々に返還を要求され，ついには博物館の『解体』につながる」といった意見も出された。これに対し，当時オーストラリア博物館（Australian Museum）館長であったグリフィン（Griffin, D.）は先行事例から「そのような事態になったことはない」と述べ，むしろ「多くの場合，博物館と先住民族の関係を強めた」[(1)]と反論した。また，合法的に取得したとされている資料や出所が不明な資料については，その植民地主義的な「合法性」に疑問を投げかけ，「所有者を探しその意向によって返還するか博物館が所有するかを話し合い，適切な措置を講ずるべきだ」と述べた（Griffin, 1996）。

　返還すべき遺骨がどれほどの数になるか博物館によって数え方がまちまちであるため正確な数値は不明であるが，1995年から1997年まで南オーストラリア博物館で「骨格標本の来歴に関するプロジェクト」（National Skeletal Provenancing Project) に関わったハンチャント (Hanchant, D., 2002) によれば，来歴が不明とされた遺骨はコレクション中の5分の1となる1000点以上存在していたとのことである。

　また，2001年に開館したオーストラリア国立博物館 (National Museum of Australia) には英国エディンバラ大学がオーストラリアに返還した遺骨や，国立解剖学研究所が所管していた遺骨があったが，同博物館では返還部を設け，遺骨や祭礼具に関する情報収集を行った結果，開館時の2001年度には70以上の先住民族のコミュニティやその代理人から情報が寄せられ，5体の遺骨を返還することができたという。この時点では240体がノーザンテリトリーなどへのコミュニティへの返還待ちとなっていた。

　実は，グリフィンがどのような先行事例を指して「博物館と先住民族の関係を強めた」と述べたかは明らかではない。しかし，クイーンズランド博物館の学芸員であったエアド (Aird, M., 2002) の事例はそのようなものとして挙げられよう。彼は自らも遺骨の返還を受ける側の関係者であったが，それらの返還を受け再び埋葬することにより「親類たちにとって，はっきりとしたアボリジニとして協力し合う初めての出来事であり，重要な機会をもたらしたのであった」と述べている。それはアボリジニ「保護」政策によって自らのアボリジニ性をむしろ否定されてきてしまったためであり，このような自らをアボリジニとして意識する機会がなかったことを示しているといえよう。

　一旦博物館の資料として祭礼具などが保管されてしまった場合，それらは博物館における資料としての学術的価値があると見なされるため，明らかに非合法的な手段によって入手されたものであることが証明されるといったことがない限り，それらの返還に応じるのは困難だと考える場合も少なくない。また，返還ではなく寄託や貸出という形態だとしても，1世紀以上前の資料を博物館資料を取り扱ったことのないコミュニティの人々に預けることに不安を抱く場合もある。

　しかしながら実際に資料をコミュニティに寄託することは，そのような不安と引き替えに博物館が得るものもあるといえよう。それは寄託した資料が実際

に儀式において使用されることにより，その儀式における位置づけなどといった資料の重要性が判明し学術的な価値が明らかになる場合である。エアドは寄託してしばらく後に博物館に返却されたとしても，「それも一種の返還といえるだろう」としており，同時に，それを通じて継続性のある博物館とコミュニティの関係性を築く機会となると述べている。そしてこれをきっかけとして，資料の取扱いや重要性などを博物館とコミュニティが相互に学びあう研修が行なわれるようになったという (Aird, 2002)。

　オーストラリア博物館でも行動指針PPNO及びCCORに基づき「自己決定」を重視し，そのための施策として遺骨や祭礼具の返還や資料の取扱いなどを先住民族コミュニティと協力し合いながら行うようになった。資料に対する科学的な知識と取扱いを伝えるのも博物館の重要な役割とされた。そこで見えてくるのは博物館が「単なる『管理者』」(Australian Museum, 2004) という立場であるということであった。それは先住民族自身が自らの文化を語り，守り，受け継いでいくということを明確にしたといえる。

　このことから返還とは単に遺骨や遺物を返すということだけではなく，その過程において相互の関係性をどのように構築していくか，また何を学びあうかといった教育的意義があると考えられる。さらにはその得られた知見をコミュニティだけではなく，その他一般の人々にどのように還元していくかといったことの議論を深める必要があるといえるだろう。

③ 教育機関としての博物館

　遺骨・遺物の返還を通じて，「自己決定」を行うための情報提供者あるいは管理者としての立場が博物館に求められるようになったということが明らかとなった。それでは博物館は目録の整備された「収蔵庫」となってしまうのであろうか。教育機関であるためには何が必要となるのであろうか。

　重要なことはコミュニティが博物館に充分なアプローチができるようにするということである。資料に対して，あるいは博物館自体の活動に対して認識が

深まることで，博物館はコミュニティと良好な関係を築くことができる。しかし，来館するアボリジニは遺骨や祭礼具が博物館に収蔵され展示されているということに満足してしまい，返還に関して触れなくなってしまい，本来は誰が所有すべきなのかという議論が起きないという懸念もある。これは単に貴重な宝物を「礼拝」に来る場所になってしまうということで，キャメロン（Cameron, D.F., 1971）の言う「神殿としての博物館」の状態である。自文化中心主義・植民地主義は無意識的に浸透しており，先住民族自身もそれと無関係ではないということに注意を払う必要があるだろう。つまり価値判断基準が旧来の博物館の影響を受けてしまうことがありうるのである。「このような事態を避けるためには博物館側が情報を提供した上で，その情報を元にしてコミュニティで返還に関しての議論をして欲しい」とエアドは述べている（Aird, 2002）。すなわち博物館の持つ情報や研修などを通じて，それぞれが文化についての「自己決定」を行えるように博物館はサポートを行うべきだということである。

　先住民族の文化に対する考え方は最大限尊重すべきである。しかし，博物館側も先住民族の文化遺産については慎重な取扱いを要するという知識を培ってきたことも事実である。それが伝達されないといったことが起こることは避けなければならない。そうした点から，博物館の役割が所蔵品の収蔵庫と管理者のみに限定されるのではなく，コミュニティに必要な知見を提供することが期待されていると言えよう。

　博物館が単なる「収蔵庫」でないことは，博物館の業務として「展示」が行われることからも明らかである。「展示」は博物館における主要な教育普及活動と位置づけることができる。「展示」は性質上「政治性」を帯びた行為である。すなわち展示はある目的をもって作り上げられた一個の「作品」であり，どのような立場からも等距離に身を置く，透明で中立的な展示など存在しないのである（千野，2000）。この「政治性」について注目すべき点は 2 点ある。1 つは事実とは異なる内容や特定の民族に対する差別や攻撃といった内容は言うまでもなく，展示自体どのようなものであれ恣意的なものにならざるを得ないということである。2 点目は「展示」はある目的をもって学芸員たちが作り上げた

もの，つまりそこでの展示やその他の博物館活動をコーディネートするのはその博物館の学芸員であるということである。

　前述の事例からは，博物館は自己決定を補佐する管理者であるという立場にあることが伺える。しかしながら博物館の活動は個々の民族による視点のみでいいのであろうか。もちろんこれまでの博物館における活動は植民地主義的な「展示する側＝マジョリティ」「展示される側＝マイノリティ」といった二分法になってしまっており，その反省から自分たちの文化を自分たちが語ることが求められるようになったことは頷ける。吉田は「文化の担い手自身による『自文化』の展示」が民族に関する活動を行っている博物館においては最も新しい動きであるとしている（吉田，2003）。

　しかし，多くの博物館では必ずしも「文化の担い手自身」が直接展示活動に関わってはおらず，展示を企画・実行する上で学芸員の果たす役割が大きい。

　「文化の担い手」ではない学芸員はどのような立場になるのであろうか。国立アメリカ歴史博物館のイエングスト（Yeingst, W.）とバンチ（Bunch, L.G.）は人種問題を扱った現代史の展示を構成するにあたり，学芸員の職務として，選択することと意味を伝達することを思慮深く，かつ堂々と行うべきであるとし，「誰が・何が価値を持つかを決める力」を持つべきだとしている。さらに，現代史の分野では学芸員の選択に対して来館者やその資料に関わる人々が異議を申し立てることが多くあり，選択基準が以前よりも厳しく問われるようになったとしながらも，それにより「学芸員や博物館が複合的な，あるいは論争となるような問題を探求することが阻まれてはならない」と述べている（Yeingst and Bunch, 1997）。

　オーストラリア博物館のケリー（Kelly, L.）とゴードン（Gordon, P.）が「民族文化を扱った博物館はそこでの学習活動やコミュニティとの協働により他の機関に対してリーダーシップとモデルを提示することができる」と述べ，博物館が研究や学習機能だけではなく，社会的な働きかけを行うことが可能だと指摘していること（Kelly and Gordon, 2002）は注目される。法整備など社会的な条件が整うのを待った上で行動するのではなく，博物館自身による積極的な取り組み

が求められているといえるだろう。博物館の教育機能として求められているのは問題提起を行うことであるともいえよう。博物館のそれまでの活動を見直すと同時にそれを展示会，あるいは講演会や研究会などの場を用いて伝えることで議論を起こすといったコーディネーターとしての役割が学芸員には求められているのではないだろうか。学芸員は展示という行為を通じてその文化の担い手となることができるのである。

おわりに

　本稿ではオーストラリアにおける先住民族に関する資料を扱っている博物館の具体例を元に，それぞれの活動から博物館における民族文化をめぐる議論に対して考察してきた。まず近年民族文化を扱った博物館におけるいくつかの取り組みの背景には世界的な先住民族に対する施策があることを指摘し，オーストラリアなどの国々では具体的な行動指針の整備や報告書が作成されてきていることを述べた。次にオーストラリアの具体例より，博物館における活動においては博物館と先住民族の相互の関係性を構築することが重要であり，そのためには情報提供を行うこと，そして管理者としての立場に立つように変化していることを述べた。最後に，博物館は自身の持つ政治性を認識しながら展示を通じた問題提起を主導的に行っていかなければならないこと，学芸員はそのような問題に直面することが避けられないことを指摘した。

　民族の文化についての活動を行っている博物館における教育普及活動で重要となってくることは，博物館における権力性・政治性に対して見直しや情報の開示が必要となるということであり，それに関しては各博物館においての取り組みが行われている。その上で対話を目指していくことによって博物館から社会へ向けての論点の提起が可能となると考えられる。その際に注意しなくてはならないことは学芸員が何を為すべきかということである。民族に関する資料の取扱いは慎重に行わなくてはならないものの，議論を恐れてメッセージ性に乏しい陳列を行うことは避けなくてはならない。展示を通じた教育普及活動と

資料の所有には矛盾点が出てきてしまうものの,それが博物館における文化表象で重要となってくると考えられる。

注
(1) ただし,これはグリフィンとハーズ (Haas) の 1995 年の私信によるものである。

引用・参考文献
Aird, Michael (2002) "Developments in the Repatriation of Human Remains and Other Cultural Items in Queensland, Australia," in *The Dead and Their Possessions: Repatriation in Principle, Policy and Practice*, ed. by Cressida Fforde, Jane Hubert and Paul Turnbull.
Australian Museum (2004) "Annual Report 2003-2004 Summary Report," *Australian Museum*, p. 6.(オーストラリア博物館ウェブページ (http://www.austmus.gov.au/pdf/report/2004-summary-report.pdf),2009 年 8 月 27 日閲覧)。
Cameron, Duncan F. (1971) "The Museum, a Temple or the Forum," in *Reinventing the Museum: Historical and Contemporary Perspectives on the Paradigm Shift*, ed. by Gail Anderson, Walnut Creek: AltaMira Press, 2004.
千野香織 (2000)「戦争と植民地の展示―ミュージアムの中の『日本』」栗原彬・小森陽一・佐藤学・吉見俊也編『越境する知 1　身体:よみがえる』東京大学出版会。
Griffin, Des (1996) "Previous Possessions, New Obligations: A Commitment by Australian Museums" in *Curator*, vol. 39 no. 1, American Museum of Natural History.
Hanchant, Deanne (2002) "Practicalities in the return of remains: the importance of provenance and the question of unprovenanced remains," in *The Dead and Their Possessions: Repatriation in Principle, Policy and Practice*, ed. by Cressida Fforde, Jane Hubert and Paul Turnbull.
Kelly, Lynda, Phil Gordon (2002) "Developing a Community of Practice: Museums and Reconciliation in Australia," in *Museums, Society, Inequality*, ed. by R. Sandell, London: Routledge.
前田耕司 (2005)「先住民族アボリジニの自己決定と大学開放」早稲田大学オーストラリア研究所編『オーストラリアのマイノリティ研究』オセアニア出版。
田川泉 (2005)『公的記憶をめぐる博物館の政治性　アメリカ・ハートランドの民族誌』明石書店。
内田綾子 (2005)「アメリカ先住民と信教の自由:ローカルな聖性をめぐって」『国際開発研究フォーラム』29,名古屋大学大学院国際開発研究科。
Yeingst, William, Lonnie G. Bunch (1997) "Curating the Recent Past: the Woolworth Lunch Counter," in *Exhibiting Dilemmas: Issues of Representation at the Museum*, ed.

by Amy Henderson and Adrienne L Kaeppler, Washington: Smithsonian Institute Press.
吉田憲司 (1998)「民族誌展示の現在」『民族学研究』62(4), 日本民族学会。
吉田憲司 (2003)「民族誌展示の現在 2003」『大阪人権博物館紀要』第 7 号, 大阪人権博物館。

日本国際教育学会 20 年のあゆみ

I．日本国際教育学会の設立経緯と組織活動を中心に

（1）　はじめに

　1990年8月8日付で「日本国際教育学会」が設立されて以来，会員の旺盛な研究意欲に支えられて国内外を問わず幅広い学問研究活動を行ってきた当学会は，2009年で創設20周年を迎えた。

　学会創設20周年を記念して，2009年9月12・13日に東京外国語大学で20周年記念大会が開催された。元会長の西村俊一，前会長の江原裕美，そして現会長の前田耕司の3人のパネリストによる「国際教育学の展開と多文化共生」と題する記念シンポジウムの他に，44本の研究発表と3つの課題研究が行われた。開催期間の2日間で台湾からの参加者11人を含む延べ100人近い国内外からの参加者があり，文字通り20周年を記念するにふさわしい大会となった。

　第20回大会総会における挨拶の中で前田会長は，会員数が243名となり，昨年の大会時より41名の新会員を迎え入れたこと，次期大会までには300人の会員数の達成に向けて努力したい旨の意欲的な発言を行っている。また，当学会大会が留学生や外国籍会員の発表が半数近くを占め，質疑応答も英語や中国語が飛び交う国際的な学会であることに本学会の特徴が表れていると指摘している（JIES NEWSLETTER No.21, 2009：1）。当学会の特徴について，2008-2009年度学会長挨拶の中で現会長は次のように述べている。

　　「私は，日本国際教育学会らしい特色と申しましたが，改めて，本学会のアイデンティティとは何か，また国際系の他の類似学会との差別化をど

のように図っていくのかについて考えてみることにしました。一言でいえば本学会の組織そのものが国際的であるということです。それは学会の草創期から……学会運営における方針の決定や意思決定に多様な文化的背景を持つ外国籍会員の参画の機会が保障され……そのことは本学会が他の教育学系の学会と大きく異なる点でもあるわけです。」(前田, 2008：1)

研究活動以外に「本学会の組織そのものが国際的である」ことは、他の教育関連諸学会には見られない日本国際教育学会の組織活動の大きな特徴の一つである。創設20周年を迎え、これを基に新たな飛躍のためには、改めて日本国際教育学会のアイデンティティを問い返し、これまでの研究成果の点検を踏まえて、国内外の教育をめぐる諸状況の変容を見据え、学会としての新たな課題やプロジェクト等を計画・推進していくことが必要となろう。本稿では、Ⅰで日本国際教育学会の活動を学会設立の経緯と組織活動を中心に振り返ることにより、学会20年の歩みを整理する。また、Ⅱでは、日本国際教育学会の紀要を中心に、当学会の活動を研究内容の側面から見ていくことにしたい。

(2) 学会設立の趣意

初代学会長の松崎巖は、日本国際教育学会の創設年度版(1990年)の中で、「学会設立趣意」を記している。900字足らずの短いものだが、先の臨時教育審議会が「教育の国際化」を教育改革の第一の柱とすべきとしたことを引き合いに出しながら、教育研究自体もその国際化が必要となっていることの切迫性を訴えている。その具体的内容は『教育学研究』(第51巻第3号, 1984年)に寄稿した「国際教育学の課題」(松崎, 1984：10-17)に示していることを述べつつ、次のように記している。

> 「国際教育学の直面している課題は、従来からの外国教育研究のほか、海外子女教育、留学生教育、文化交流問題の検討など、真に多岐にわたっております。しかし、その基礎には、人類愛に根ざした哲学がなければなりません。また、それに基づいて学問研究を息長く継続していくためには、国民の温かい理解と広範な支持が不可欠であります。さらに、国際的な協

力態勢の中で研究活動を組織し展開していくことも大切であります。」(松崎, 1990：1)

人類愛に根ざした哲学に基づき学問研究を継続すること，国民の温かい理解と広範な支持の下に国際的な協力態勢の中で研究活動を組織することの重要性を説いた当会長の言明は，日本国際教育学会の出発的命題として記憶されねばならないであろう。

（3） 学会設立の経緯

日本国際教育学会は，発起人らの日本における国際教育の実践と研究の実績を踏まえて設立された。初代副会長の西村俊一は，学会設立の基盤となった活動について表1に掲げる活動を列挙している(西村, 1990：4-5)。

これらの実績を基盤としつつ，1990年5月12日に根拠規則が制定され，役員の互選が行われ，「国際教育研究会」が発足した。その後，同会への加入と「日本国際教育学会」設立に向けたアッピールが発せられた。発起人と呼びかけに応じた加入申込者のうち，6月3日の理事会で正会員として加入を認めら

表1　学会設立の基盤となった活動

年	活動
1961年	国際教育研究会編『国際教育研究資料』(東京大学教育学部)を刊行(数号で中断)。
1966年	アジア教育研究会編『アジア教育研究資料』(東京大学教育学部)を刊行。
1968年	G.Z.F.ベレディー『比較教育研究法』(福村出版)を共訳刊行。
1973年	『火曜研究会報告』(東京大学教育学部)を刊行。
1980年	『国際教育研究』(東京学芸大学海外子女教育センター国際教育研究室)の刊行。
1984年	『世界諸地域の文化と教育』(東京学芸大学海外子女教育センター報告書)の刊行。
1985年	『華僑教育関係文献・資料目録』(東京学芸大学海外子女教育センター)を刊行。
1986年	『中国の華僑政策と華僑教育に関する総合的調査研究』(文部省科研費)。中国，台湾，韓国・朝鮮等の現地調査を実施し，国際的研究協力体制を構築。
1988年	「国際教育専攻」の設置(東京学芸大学)。
1989年	『国際的学力の探究―国際バカロレアの理念と課題―』(創友社)を刊行。
1990年	『国際教育の創造』(創友社)を刊行。
1990年	『国際教育事典』(株式会社アルク)を刊行。

れた者に総会の開催通知が送付され，7月8日に東京大学教育学部で「日本国際教育学会」の設立総会が開催された。

　設立総会では，理事会により「国際教育研究会」会則を改正して「日本国際教育学会」へ移行することが提案された。同時に，「日本国際教育学会会則」と「日本国際教育学会役員選挙規定」が承認され，全会一致で1990年8月8日付で「日本国際教育学会」の発足が決定された。こうして日本国際教育学会が出発することになった。

（4）　学会の組織活動

　学会の基礎となる現在の主な活動を列挙すると，毎年2回秋と春に全国研究大会を開催してきた。それぞれ秋季大会，春季大会と称されている。後者は当初1995年から「春季研究会」として出発し，以来秋季大会とともに毎年開催されてきた（JIES NEWSLETTER №1- №21）。1999年から春季研究大会と名前を変えたが，当初の趣旨は，主要には若手研究者の育成にあり，秋季大会での時間的制限という短所を克服し，十分な討議時間を確保しようとすることにあった。2009年4月に滋賀大学で開催された春季研究大会を最後として原点に返り，次回から「春季研究会」として再出発することになった。従って，春季研究大会は自由研究発表が主体であるのに対して，秋季大会は末尾の表2に示されているように，自由研究発表に加えて課題研究発表，シンポジウム及び記念講演等が企画され，その年の日本国際教育学会の主要な研究動向を示すメルクマールとなっている。

　これらの研究大会の案内と様子は，学会の運営状況や各種研究会の情報等とともに年1回発効される"JIES NEWSLETTER"（2009年12月まで，通巻21号）に掲載されている。また，研究活動としては，日本国際教育学会紀要の『国際教育』（2009年11月まで，通算15号）を年1回発行してきた。この度の学会創設20周年を記念して通常の紀要とは別に『20周年記念年報』を刊行することになった。以後5年ごとに『記念年報』を刊行することが計画されている。この外，折に触れて国際シンポジウムや研究会を開催している。

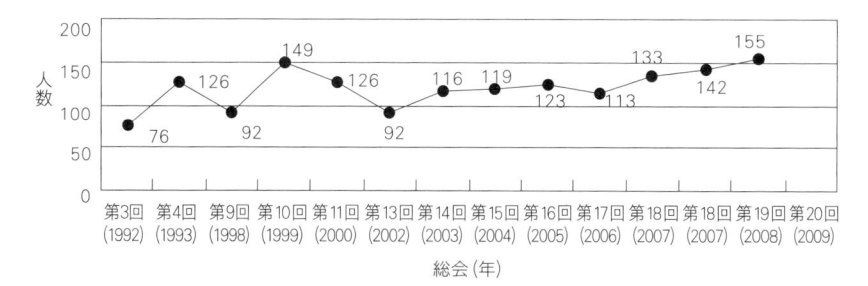

図1　国内在住会員数の変遷

　学会の集団としての規模については，2009年12月段階で国内在住会員167名，海外会員80名の総数247名となっている。第3回総会時（1992年）以降の日本在住国内会員の増減は図1の通りである。近年の国内在住会員は漸増傾向にあるが，2009年を例に総数から判断して，海外会員の大幅な増大が特徴となっていることを推測させる。

　末尾の表3は，会長をはじめとする主な歴代役員の変遷である（JIES NEWS-LETTER №.1- №.21）。常任理事は日本国際教育学会規則第6条により，日本人理事7名と1カ国1名を限度とする外国人理事6名の13人から構成されることになっている。半数近い役員が外国人理事によって組織されていることは，当学会の際立った特徴の一つである。

　学会発足時には理事として常任理事の他，日本人と外国人の名誉理事がそれぞれ9人，計18人が就任している。また，各分野の研究委員会，即ち，国際協力研究委員会，海外学校研究委員会，国際教科書改善研究委員会，国際学力比較研究委員会，東アジア地域研究委員会及び東南アジア地域研究委員会が組織され，各委員長のリーダーシップの下に研究活動が展開された。東アジア地域研究委員会と東南アジア地域研究委員会は，1994年にアジア地域研究委員会に統一され，新たに欧米地域研究委員会が新設されている。

(5) 大会のテーマと活動等

大会のテーマとシンポジウム，そして課題研究は学会活動の象徴でもある。末尾の表2は第2回大会以降のものを一覧として示した（JIES NEWSLETTER No.1-No.21）。当初，留学生問題や国際理解教育が当学会の大きな関心事となっている。その背景には当時の日本における留学生10万人計画（1983年以降）や臨時教育審議会（1984-1987）等における教育の国際化の課題が日本に突きつけられていたことにもよろう。

学会設立当時（1990年），世界はベルリンの壁の崩壊（1989年），ペレストロイカに端を発する冷戦の終結（1989年）及びソ連邦解体（1991年）等による政治的な激変の只中にあって，食料・飢餓・人口問題，文化遺産の保全や環境問題，そして平和の問題等が沸騰してきた時期であった。ヒト・カネ・モノのグローバルな展開とともに，これまで潜んでいた民族問題やテロ等の事案が世界的規模で噴出し，歴史としての20世紀への反省や21世紀に向けた課題がきわめて切迫したテーマとして浮上している。当学会の「大会テーマ」や「特別講演」及び「シンポジウムテーマ」にも，これらの諸問題を反映したものが多く見られ，こうした諸問題を解決する方法の一つとして「多文化・多民族共生」の問題が取り上げられている。

また，本学会がその問題意識として一貫して問い続けてきたことは，国際教育学に対する独自の領域・方法意識である。即ち，複数の類似学会が存在する中で，日本国際教育学会のアイデンティティとは何か，そして，国際教育学の領域と方法はどのように差別化されるのかという問題である。歴代の会長をはじめとして，この問題に関する多くの論文も蓄積されているが，これからも深められるべく課せられた課題として有り続けるだろう。

(6) おわりに

以上，言及した活動以外にも日本国際教育学会に特徴的な活動は多い。紙数の制約の中で言及できる内容は限られているが，20年という歴史の中で当学会が遂行してきた研究分野はきわめて多岐にわたっており，その蓄積はきわめ

て重いと言わなければならない。これらの蓄積を基盤としつつ，未来に向けた研究活動の着実な推進が期待されよう。　　　　　　　　（文責：岩﨑正吾）

引用・参考文献
日本国際教育学会（2009.12）『JIES NEWSLETTER』No.21。
日本国際教育学会（1990-2009）『JIES NEWSLETTER』No.1-No.21。
西村俊一（1990）「学会設立の経緯」『日本国際教育学会』（創設年度版）。
前田耕司（2008）「第19回大会を終えて」『2008-2009年度学会長挨拶』，学会ホームページ。
松崎巌（1984）「国際教育学の課題」『教育学研究』（第51巻第3号）。
松崎巌（1990）「学会設立趣意」『日本国際教育学会』（創設年度版）。

表2　大会（秋季）のテーマ，シンポジウム，課題研究一覧

回　項目	開催日	開催場所	〈大会テーマ〉「シンポジウムテーマ」特別講演	課題研究	実行委員長
第1回大会	90年7月8日	東京大学教育学部	日本国際教育学会設立総会		
第2回大会	91年11月9日・10日	山梨大学	「外国人留学生の受け入れをめぐって」		石川啓二
第3回大会	92年11月7日・8日	東京大学教育学部	「留学生と学位－アカデミックディレンマ－」	教育協力－共生への道を探る	
第4回大会	93年12月16日・18日	蘇州大学（中国）	〈国際教育学の視野－21世紀の国際理解教育－〉「地球環境問題と教育の役割」	海外留学の現状と課題	朱永新
第5回大会	94年10月22日・23日	國學院大學（東京）	特別講演：国際理解のための教育と研究－アメリカ理解の問題点を中心に（本間長世）	日本における〈多文化教育〉をめぐって	柿沼秀雄
第6回大会	95年11月4日・5日	沖縄大学	講演：沖縄における環境教育の課題（宇井純）	沖縄における地域文化と教育	髙良有政
第7回大会	96年11月16日・17日	明治学院大学	講演：平和教育と宗教間の対話（武者小路公秀）	人間形成と宗教	世良正浩
第8回大会	97年10月25日・26日	宮城学院女子短期大学	〈グローバリゼーションと教育の課題〉	ヨーロッパの統合及び南北統一と教育の課題	宮脇弘幸
第9回大会	98年10月24日・25日	宮崎公立大学	〈20世紀教育の検証－教育体験の継承と総括〉「20世紀教育の検証－植民地教育について－」	植民地での教育体験	王智新

第10回大会	99年11月6日・7日	同志社大学	〈21世紀の教育〉「各国の高等教育改革」	共生の教育	井上勝也
第11回大会	2000年11月1日・2日	早稲田大学	〈文化の多様性と普遍性－21世紀の教育の課題〉	コロキウム1：文化の多様性と教育について－民族・宗教・歴史－／コロキウム2：文化的普遍性と教育について－子ども・教養・ジェンダー	鈴木慎一
第12回大会	01年10月20日・21日	広島大学			佐藤尚子
第13回大会	02年11月16日・17日	早稲田大学	「歴史としての20世紀－自己認識と他者認識－」		鈴木慎一
第14回大会	03年11月8日・9日	中部大学	〈グローバリゼーションと国際平和教育〉	講演：グローバル時代の人間安全保障－特に排外主義克服をめざして－（武者小路公秀）	延岡繁
第15回大会	04年11月13日・14日	帝京大学	「国際教育研究の課題と展望－日本人研究者の視点」講演：国際教育の現状と未来－世界的視点から－（山本哲士）		江原裕美
第16回大会	05年11月12日・13日	東京学芸大学	「国際教育研究における地域研究の意義」講演：日本・アジアの戦後再建論調（奥泉栄三郎）		西村俊一
第17回大会	06年11月26日	東北大学	「国際交流の一世紀」		宮腰英一
第18回大会	07年11月24日	台北教育大学（台湾）	〈グローバル化における国際移動と教育の対応－日本と台湾の経験から－〉4人の基調講演：宮島喬,江原裕美,王宏仁,馮函棣		翁麗芳
第19回大会	08年10月15日・16日	早稲田大学	「多文化共生社会と日本語教育－夜間中学から見た国際化－」講演：マルチカルチュアリズムと民族学校－日本とオーストラリア（岡野かおり）	職業教育の日中比較	宮崎里司
第20回大会	09年9月12日・13日	東京外国語大学	「国際教育学の枠組みと多文化共生」	多文化共生社会におけるコミュニティと国際教育,職業教育の日中比較研究,生涯学力形成のメカニズムに関する比較研究	岡田昭人

表3　歴代役員の変遷

歴代役員（会期）	会　長	副会長	会長・副会長を除く常任理事／特任理事※	事務局長事務局次長※	紀要編集委員長副委員長※
第1期(1990-1992)	松崎　巖	西村俊一	小澤周三，宮脇弘幸，小島勝，宮越英一，金谷憲，熊達雲，鐘清漢，金渙，朴三石，E・クラーク，D・ウィリス	石川啓二	小澤周三宮脇弘幸※
第2期(1992-1994)	松崎　巖	西村俊一	小澤周三，石川啓二，鈴木慎一，武者小路公秀，所沢潤，土持法一，金渙，M・シャフィーラ，王智新，朴三石，鐘清漢	宮脇弘幸	小澤周三朴三石※
第3期(1994-1996)	宮脇弘幸	小澤周三	石川啓二，王智新，鐘清漢，鈴木慎一，土持法一，西村俊一，朴三石，松崎巖，武者小路公秀（外国籍理事2名の空席）	江原裕美	石川啓二朴三石※
第4期(1996-1998)	小澤周三	石川啓二	西村俊一，松崎巖，宮脇弘幸，今井重孝，江原裕美，土持法一，王智新，朴三石（外国籍理事3名の空席）	桜井啓子	江原裕美朴三石※
第5期(1998-2000)	西村俊一	江原裕美	石川啓二，王智新，小澤周三，鐘清漢，鈴木慎一，土持法一，延岡繁，朴三石，松崎巖，宮脇弘幸（外国籍理事1名の空席）	世良正浩	朴三石鈴木慎一※
第6期(2000-2002)	鈴木慎一	井上勝也	西村俊一，江原裕美，小澤周三，鐘清漢，土持法一，延岡繁，朴三石，宮脇弘幸，石川啓二，王智新，R・アスピノール	岡田昭人	宮脇弘幸王智新※
第7期(2002-2004)	延岡　繁	江原裕美	石川啓二，岡田昭人，小澤周三，鈴木慎一，西村俊一，宮脇弘幸，ア・コミサロフ，王智新，鐘清漢，朴三石，R・アスピノール	志賀幹郎	岡田昭人A・コミサロフ※
第8期(2004-2006)	江原裕美	前田耕司	石川啓二，岡田昭人，小澤周三，鈴木慎一，西村俊一，王智新，鐘清漢，延岡繁，朴三石，G・プール，R・アスピノール	志賀幹郎山崎直也※	西村俊一浅沼茂※
第9期(2006-2008)	江原裕美	前田耕司	岡田昭人，小澤周三，佐藤尚子，志賀幹郎，鈴木慎一，王智新，延岡繁，朴三石，G・プール，R・アスピノール	大庭由子	志賀幹郎
第10期(2008-2010)	前田耕司	岡田昭人	石川啓二，大迫章史，佐藤千津，志賀幹郎，平岡さつき，王智新，鄭任智，朴三石，G・プール，R・アスピノール，山口アンナ，李承赫※，牛渡淳※	岩﨑正吾金塚基※山崎直也※	平岡さつきG・プール※

Ⅱ. 日本国際教育学会の20年——グローバル化時代の国際教育学——

(1) はじめに

　日本国際教育学会が「『国際教育学』を確立して教育学研究の再生を図るとともに，国際的な研究協力を通して望ましい『国際化』のあり方を追求し，世界人類に貢献する」[1]という趣旨を掲げて発足してから，2009年で20周年を迎えた。この20年間は，冷戦からポスト冷戦構造への国際関係の転換とグローバリゼーションの展開が顕著にみられた時期であり，これを背景に，国境横断的な社会的，文化的アクティヴィティの拡張と同時に，多文化共生が，課題として顕在化してきた。

　本稿は，日本国際教育学会の20年の研究活動を振り返ることを課されたものである。同学会の研究活動は，学会機関誌『国際教育』(2009年11月まで，通算15号)やニューズレターの発行(2009年12月まで，通算第21号)，2009年9月に20回目を迎えた年次研究大会の他，春季研究大会，テーマ別研究会など，多岐にわたっている。本稿では紙幅の制約もあるので，学会機関誌である『国際教育』創刊号から第14号までの所収論文と学会発行のニューズレターを部分的に参照しながら，日本国際教育学会の活動の展開を概観していきたい。

(2) 『国際教育』研究における検討対象

　まず，『国際教育』所収の各論考のテーマを整理することによって，日本国際教育学会で取り上げられてきた研究対象の特徴を考えてみたい。延岡繁(会長在任2002-2004年)は「わが会員の研究課題には必ず『○○○(時代の)×××(地域の)△△△(課題)』というように，時間，空間，事象が対象とされ」ることを指摘している[2]。国際教育学は，その比較社会学的な側面も手伝って，ある問題関心に基づいて特定の国家や地域を研究対象とすることが少なくないが，『国際教育』誌上で取り上げられた地域は次の通りである[3]。

　①フィリピン(市川，1992)，②中国(石川，1995，世良，1996，趙，2002，于，

2002，金塚，2003，佐藤，2005，ハスゲレル，2005，李，2005），③アメリカ（末藤，1996，2001，柳沼，1999，福井，2006，江原，2007，高濱，2007），④オーストラリア（前田，1995，1996，1998，山中，2002，本柳，2008），⑤マレーシア（杉村，1998，鴨川，2001），⑥韓国（鄭，2000），⑦日本（井上，1995，1999，岩田，1996，平岡，2000，土持，2000，福井，2004，太田，2004），⑧カナダ（児玉，2001），台湾（山崎，2002，何，2006，劉，2008，鄭，2008），⑨イギリス（岡田，2002，白幡，2005），⑩オランダ（見原，2004），⑪インド（中嶋，2007），⑫ベトナム（崎川，2007）

これに加えて，ラテンアメリカ（江原，2004），第三世界（柿沼，2005），環太平洋地域の日，米，豪の三国を分析対象としたもの（鳥井，2003），さらに「研究ノート」や「教育情報」として香港（金丸，1999，朝倉，2000），モンゴル（浅沼，2007），マカオ（金丸，2007），バングラディシュ（Ishimori & Chua, 2008）を取り上げたものがある。

現時点で，論文の件数等から『国際教育』の傾向を数量的に析出することは，統計的誤差を考えると不可能だが，少なくとも20年の研究活動において，研究対象としてきた国や地域が多様化していることと，日本を含むアジア圏と英語圏に高い関心が注がれてきたことは推測できる。

次に，これらの論考が焦点をあてている教育事象について，「学会設立の経緯」に掲載されている研究テーマ群を参考にしながら類別してみよう。

①法制度，政策（市川，1992，末藤，1992，1996，世良，1996，前田，1996，杉村，1998，鴨川，2001，児玉，2001，山崎，2002，山中，2002，岡田，2002，太田，2004，白幡，2005，劉，2008），②教育思想（井上，1995，1999，柳沼，1999，趙，2002），③カリキュラム，教育実践（石川，1995，岩田，1996，見原，2004，ハスゲレル，2005，本柳，2008），④教育事情（前田，1998，平岡，2000，土持，2000，鳥井，2003，金塚，2003，李，2005，叶，2006，中嶋，2007，崎川，2007，高濱，2007），⑤教育運動（末藤，2001，于，2002，福井，2004，2006，鄭，2008），⑥学問のディシプリンや方法論（永井，1992，小澤，2004，吉田，2004，佐藤，2005，柿沼，2005，江原，2007，Chiba, 2008）

これらの研究から，公教育の前提となっている国民国家をめぐる焦点のバリエーションを見ることが出来る。この整理は，教育事象の主体に注目するとき，制度・政策をベースとした公教育の実施主体としての国家や州（①法制度），国家のような比較的広い領域の中での教育の実態や動態（②教育思想，④教育事情），ミクロなレベルでの教育の実施様態や実践の形態（③教育実践，カリキュラム，⑤教育運動）とに分類することも可能であろう。当学会の研究活動は，制度や政策に代表されるような，近代国民国家を前提とした公教育のフレームを検討するのと並行して，カリキュラムや教育実践，学習者の教育意識や教育運動をも射程に入れてきた。それと同時に，国際教育学のディシプリンとしてのあり方や方法論を問う論稿の多さも注目される。

（3）　グローバリゼーションと国境の意味

　公教育において，国境は政策を含めた教育実践の主体（国家）を分けるものであり，教育事象が展開される領域（領土）の地理的な分割とその範囲を決めるものである。しかし，グローバリゼーションは，分析単位としての国境の意味の変革を迫っている。サスキア・サッセンは，経済的グローバリゼーションが経済を国家の境界線の先にまで広げ，経済に対する国家の主権を縮小すると指摘した。教育事象にも同様の傾向がみられる。学習者の国籍や文化的，言語的，民族的，宗教的，社会階層的なバックグラウンドは多様化の様相をますます深めた。また人と情報が国境を簡単にまたぐようになったことにより，教育の研究と実践と政策において国際交流がなされ，相互に影響を及ぼし合っている。いずれの局面でも，グローバルなもの（多文化傾向）がナショナルなもの（国民国家）の中で生起し，またこの両者が相互にオーバーラップすることによって，グローバル／ナショナルな領域の空間的秩序は変容し，相互に作用しあう次元が拡張することになる。国民国家内での多文化主義，多文化化を，国民的統合を解体するものと見なす考え方と，逆に国民的統合の文化的装置として見なす考え方とがあるが，国際教育研究においても国境の意味合いが変化し，国民国家を前提とした公教育の意味や役割の再検討が求められているのである。

(4) むすび——国際教育学の課題

以上の考察を踏まえると，グローバリゼーションと多文化共生を背景とした国際教育学は，概ね次の3点を課題としてきたし，当面それらを課題とするだろう。第1は，教育のナショナルな性質に対する意味づけである。これは各国比較に基づいた特定の国の特徴や特異性に限らず，ナショナルな教育事象の性質や特徴を析出することを含んでいる。第2は，インター・カルチャーあるいはトランス・カルチャーの動きに基づいた，ナショナルなものを越えたオーバーラップや相互作用，そしてその結果としてのナショナルなものの変容を教育事象において検討することである。第3は，いわゆるマイノリティ・スタディーズにも見られるような，国家やその共同体内での多様性に焦点を当てた教育政策や教育実践の研究である。

松崎巌（初代会長。在任1990-1994年）は学会発足2年目に「今日ほど，各国の有為の研究者を糾合し，研究交流を積み重ね，新たな世界認識を創出し，国際問題の解決に当たることが必要とされている時代」[4]はないとの認識を示した。そして江原裕美（会長在任2004 - 2008年）はその14年後に「圧倒的な情報量にもかかわらず，またはむしろそのゆえに，国際的な現状への思考・感性は鈍磨し，行動することへのハードルは高くなっている状況にもある」と指摘している[5]。劇的な変動を続ける世界情勢下で，教育における国際理解や国際協力の意義を認識する必要性はますます高まっている。国際教育学の研究領域は，グローバル化と多文化化の国際社会をどのように描き出すのか，次の20年の展開に注目していきたい。 　　　　　　　　　　　　　　　　　　　（文責：村山　拓）

注
(1)　日本国際教育学会（1990）『日本国際教育学会要覧　創設年度版』4頁。
(2)　延岡繁（2003）「戦争と平和のはざまの国際教育」日本国際教育学会 JIES NEWS-LETTER, No.14, 2頁
(3)　『国際教育』所収の論稿の典拠は，http://wwwsoc.nii.ac.jp/jies/kiyou.html に掲載されている同誌の総目次を参照していただきたい。
(4)　松崎巌（1992）「第2回大会を終えて」日本国際教育学会 NEWSLETTER, Vol.1,

1 頁
（5） 江原裕美（2006）「学会長挨拶　2006 年を迎えて」日本国際教育学会 JIES NEWS-LETTER, No.17, 1 頁

引用・参考文献

日本国際教育学会（1990）『日本国際教育学会要覧　創設年度版』
日本国際教育学会発行の各種ニューズレター（通算 21 号）
サスキア・サッセン／鈴木淑美訳（2003）「グローバルとナショナルの間　経済的グローバリゼーションの時空間性」『現代思想』第 31 巻第 6 号，青土社

日本国際教育学会創立20周年記念年報投稿論文編集規程および投稿要領(抄)

(2009年7月11日，平成20年度第6回理事会決定)

【編集規程】
1. 投稿された原稿の掲載は編集委員2名以上の査読者の審査に基づき，編集委員会の審議を経て決定する。編集委員会は必要に応じて編集委員以外の会員に査読を依頼することができる。審査の過程では投稿者に修正を要求することがある。掲載の可否については審査終了後に投稿者に通知する。
2. 掲載が決定した論文については原稿の電子ファイルの送付を求める。
3. 投稿者による校正は初校のみとする。その際，大幅な修正は認めない。
4. 原稿の最終校正は編集委員会の責任において行う。

【投稿要領】
1. 募集する原稿は「国際教育学の展開と多文化共生」に関する研究論文で未発表のものに限る。但し口頭発表はこの限りではない。
2. 日本語による研究論文を募集する。研究論文以外の論稿は募集しない。
3. 応募資格は日本国際教育学会会員で当該年度までの会費を完納し，第20回研究大会で自由研究発表を行った者とする。
4. 原稿の様式
   (1) ワープロ使用でA4判横書き1頁35字×28行（原稿枚数で400字詰×25枚厳守）で作成。分量は10,000字以内（図表等を含む）。手書きによる原稿は原則受理しない。
   (2) 審査の公正を期するため，投稿者は次の点に留意する。
      ① 原稿には氏名・所属機関名等を記入しない。
      ② 投稿者が特定される情報を原稿中に記入しない。つまり「拙稿」「拙著」などの投稿者名が判明するような記述はしない。
      ③ 別紙1（A4判）に論文題目，氏名，所属，連絡先（住所，電話，ファックス番号，メールアドレス）を記入する。
   (3) 原稿にはページ番号を付する。
   (4) 5つ程度のキーワードを表示する。
   (5) 図表等を挿入する場合は挿入位置とサイズを表示する。
   (6) 原稿と別紙1の各3部を投稿締切日までに送付する。提出された原稿は返却しない。

日本国際教育学会　入会のご案内

　日本国際教育学会に入会を希望される場合は，日本国際教育学会ウェブサイト（http://wwwsoc.nii.ac.jp/jies/）より入会申請書をダウンロードし，必要事項をご記入の上，学会事務局まで郵送にてお送りください。皆様のご入会をお待ちしております。

　なお，サイトでは学会最新情報も逐次更新しておりますので併せてご覧ください。

日本国際教育学会創立20周年記念年報編集委員会

委員長	前田	耕司
委員	石川	啓二
	岩﨑	正吾
	岡田	昭人
	佐藤	千津
	志賀	幹郎
幹事	中島	久朱
編集協力	若園	雄志郎

（五十音順）

国際教育学の展開と多文化共生
――日本国際教育学会創立20周年記念年報

2010年4月20日　第1版第1刷発行

編者　日本国際教育学会創立20周年記念年報編集委員会
　　　（委員長　前田耕司）

発行者　田中　千津子　〒153-0064　東京都目黒区下目黒3-6-1
　　　　　　　　　　　電話　03（3715）1501（代）
発行所　株式会社 学文社　FAX　03（3715）2012
　　　　　　　　　　　http://www.gakubunsha.com

©Japan International Education Society 2010　印刷所　新灯印刷
Printed in Japan
乱丁・落丁の場合は本社でお取替えします。
定価は売上カード，カバーに表示。

ISBN 978-4-7620-2062-9